POLYGLOTT

AZOREN

W0059396

DIE AUTORIN

SUSANNE LIPPS

Die promovierte Geografin betreut für die Reihe POLYGLOTT
on tour u. a. die Bände Madeira, Algarve und Portugal.
Die Azoren besucht sie seit über 20 Jahren auf beruflichen und
privaten Reisen. Nach wie vor fasziniert sie die Vielfalt und
Ursprünglichkeit der Inselgruppe.

Unser E-Book-Code zur elektronischen Erweiterung des
POLYGLOTT on tour. Das kostenlose E-Book enthält die im
Reiseführer aufgeführten Adressen entlang der Touren,
beispielsweise zu Essen und Trinken, Shoppen, Aktivitäten
und Hotel-Tipps. Links auf einen externen Kartendienst
vereinfachen das Auffinden dieser Adressen.

WWW.POLYGLOTT.DE

SYMBOLE ALLGEMEIN

Erstklassig: Besondere Tipps
der Autoren

Seitenblick: Spannende
Anekdoten zum Reiseziel

Top-Highlights und

Highlights der Destination

56 TOUREN & SEHENSWERTES

TOUR-SYMBOLE		PREIS-SYMBOLE	
❶ Die POLYGLOTT-Touren		Hotel DZ	Restaurant
6 Stationen einer Tour	€	bis 70 EUR	bis 10 EUR
📕 A1 Die Koordinate verweist auf	€€	70 bis 120 EUR	10 bis 15 EUR
die Platzierung in der Faltkarte	€€€	über 120 EUR	über 15 EUR
📕 a1 Platzierung Rückseite Faltkarte			

ZEICHENERKLÄRUNG DER KARTEN

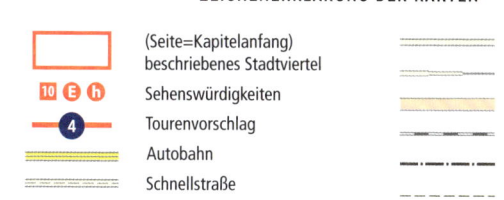

(Seite=Kapitelanfang) beschriebenes Stadtviertel

Sehenswürdigkeiten

Tourenvorschlag

Autobahn

Schnellstraße

Hauptstraße

sonstige Straßen

Fußgängerzone

Eisenbahn

Staatsgrenze

Landesgrenze

Nationalparkgrenze

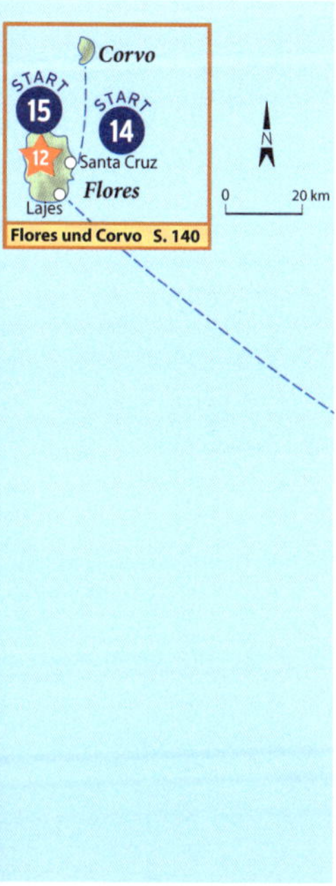

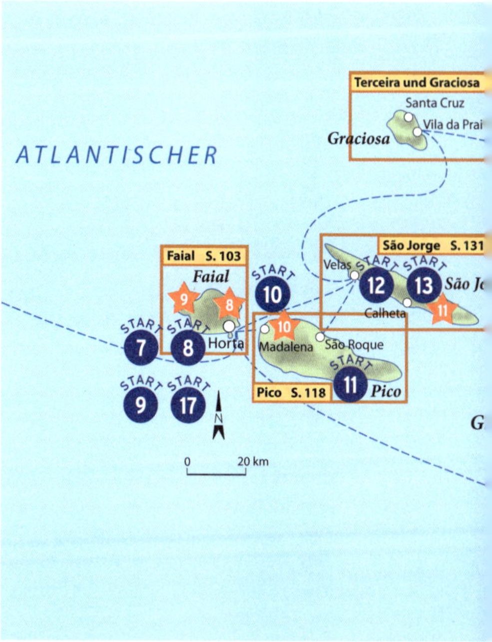

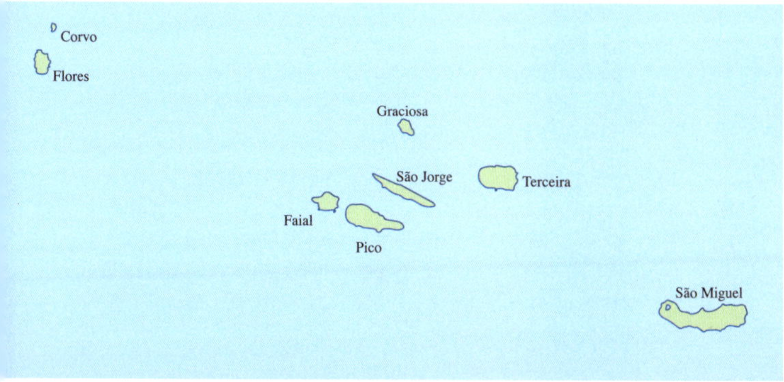

Corvo

START 15

START 14

Santa Cruz

Flores

Lajes

12

Flores und Corvo S. 140

ATLANTISCHER

0   20 km

N

Terceira und Graciosa

Santa Cruz

Vila da Prai

Graciosa

Faial S. 103

Faial

9   **8**

START 10

São Jorge S. 131

Velas

START START

12   **13** *São Jo*

Calheta

11

Horta

START

7   **8**

Madalena

10

São Roque

START START

9   **17**

N

0   20 km

START 11 *Pico*

Pico S. 118

G

Corvo

Flores

Graciosa

São Jorge

Terceira

Faial

Pico

São Miguel

Perfekte Planung > Parallel vordere Klappe aufschlagen

TOP 12 HIGHLIGHTS

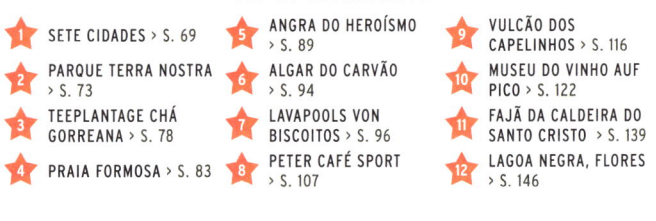

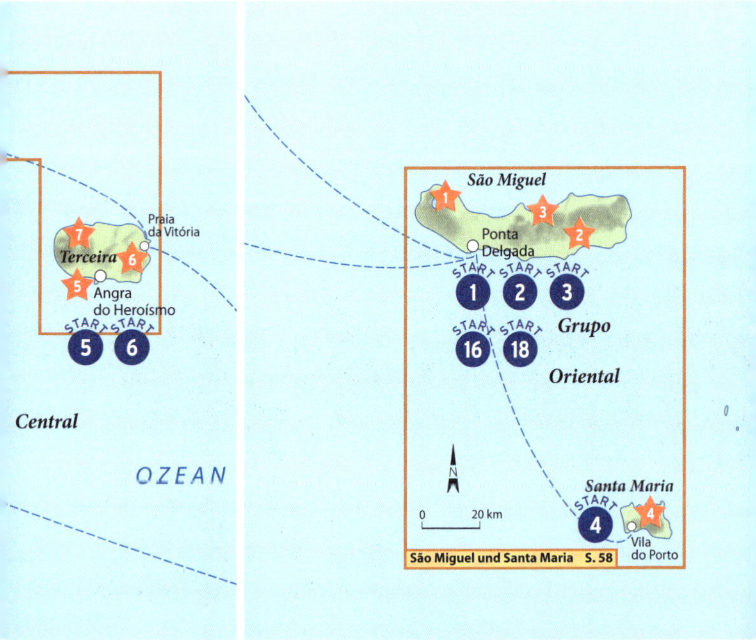

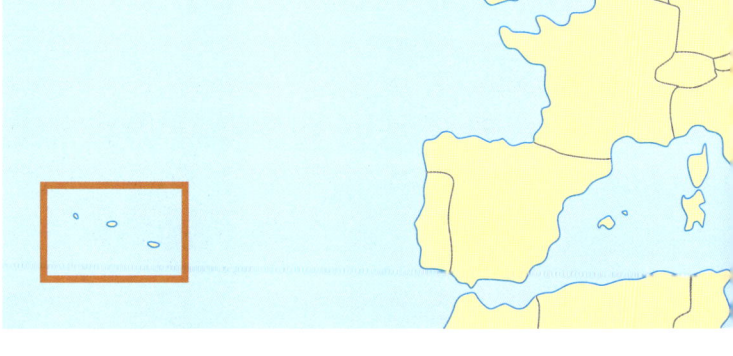

Glückliche Kühe auf der Insel Pico

TYPISCH

DIE AZOREN SIND EINE REISE WERT!

Vulkanische Landschaften, überzogen von einer subtropisch üppigen Vegetation, bäuerliche Wirtschaftsformen, gepflegte Kleinstädte und Dörfer. Das sind die Markenzeichen der Inseln, die vorwiegend Naturliebhaber und Individualreisende in ihren Bann ziehen.

SUSANNE LIPPS

Die promovierte Geografin betreut für die Reihe POLYGLOTT on tour u. a. die Bände Madeira, Algarve und Portugal. Die Azoren besucht sie seit über 20 Jahren auf beruflichen und privaten Reisen. Nach wie vor fasziniert sie die Vielfalt und Ursprünglichkeit der Inselgruppe.

Mein erster Eindruck von den Azoren? Beim Landeanflug auf die Insel Terceira sah ich ein Mosaik aus grünen Wiesen und goldgelben Maisfeldern, von Lavasteinmauern eingefasst, dazwischen weiße Häuser als helle Tupfer. Im Hintergrund an den Berghängen dunkle Nadelwälder, darüber eine Wolkenbank. Das Allgäu kam mir in den Sinn, nur die Feldmauern passten nicht ins Bild. Zum Glück verzogen sich die Wolken am nächsten Tag und

Am Jachthafen von Horta auf der Insel Faial

gaben den Blick nicht etwa auf schroffe Felsgipfel, sondern auf ein vom erloschenen Vulkan Santa Bárbara gekröntes Mittelgebirge im Inselinneren frei. Die spontane Beobachtung, dass sich das Wetter auf den Azoren von Tag zu Tag ändert, sollte sich als richtig erweisen. Wie ich später herausfand, wechseln Sonne und Regen mitunter sogar im Stundentakt einander ab. Und das eigentlich zu jeder Jahreszeit, auch wenn der Sommer insgesamt weniger stürmisch und milder ist als die Wintermonate.

Faszinierend sind die Seen in den Vulkankratern der Azoren, São Miguel

Und ich lernte nicht nur Terceiras Hauptstadt Angra do Heroísmo als liebenswerte historische Metropole kennen, sondern auch die fröhliche Atmosphäre in den Dörfern, wo die Menschen keine Gelegenheit zum Feiern auslassen.

Meine Lieblingsinsel? São Miguel, keine Frage. Sie ist nicht nur flächenmäßig die größte, hier leben auch die meisten Einwohner und die Vielseitigkeit von Landschaft und Kultur ist nicht zu toppen. Es gibt diese unvergleichlichen Kraterseen, blubbernde Schlammvulkane und die Thermalquellen, die zum unbeschwerten Badevergnügen einladen. Auch die Strände von São Miguel zählen zu den attraktivsten der Azoren. Die Hauptstadt Ponta Delgada bietet eine angenehme Urbanität, prächtige Parkanlagen laden hier zum Schlendern ein. Die kulinarischen Höhepunkte sind Fisch und Meeresfrüchte sowie der vulkangekochte Festtagseintopf von Furnas.

Viele Azorenreisende begnügen sich – zumal beim ersten Besuch – mit der Erkundung von São Miguel. Dafür reicht eine Woche kaum aus. Wer wandert, etwa in das abgelegene Massiv des Pico da Vara ganz im wenig besuchten Osten der Insel, sollte durchaus zwei Wochen einplanen. Natürlich gibt es darüber hinaus noch weitere acht Inseln zu entdecken.

Was ist etwa mit Pico? Auch diese hat das Zeug zu einer Lieblingsinsel. Hier beeindruckt die schwarze Lavalandschaft, die von winzigen Weinfeldern übersät ist. Aus ihr ragt der gleichnamige Vulkanberg hervor, Portugals höchster und ein wenig geheimnisumwitterter Berg. Von Pico starten auch die meisten Bootstouren zur Beobachtung von Walen und Delfinen, die sich in großer Zahl in den Gewässern rundherum tummeln.

Im Doppelpack mit der Schwesterinsel Faial ist Pico fast schon eine eigene Reise wert. Faial gefällt vor allem durch das Flair der Hauptstadt Horta,

Bei einem Vulkanausbruch erhielt Faial die neue Halbinsel Ponta dos Capelinhos hinzu

wo rund um den Jachthafen eine kosmopolitische Szene verkehrt, insbesondere im rund um den Atlantik gerühmten Kultlokal Peter Café Sport. Aber auch die beiden landschaftlichen Highlights – der perfekt gerundete Kraterrand der zentralen Caldeira und der jüngste Vulkan der Azoren, der erst 1957 entstandene Capelinhos – sind als Sehenswürdigkeiten und Wanderziele nicht zu verachten.

Und die anderen? Wer eine Sightseeing-Rundreise macht, hat auf den kleineren Inseln nach ein oder zwei Tagen eigentlich alles gesehen. Wenn Sie jedoch speziellere Interessen haben, sei es Wandern auf São Jorge mit seinen berühmten Küstenebenen, den *fajãs,* oder auf dem windumtosten Flores, Tauchen auf Santa Maria, der »Algarve der Azoren«, oder Relaxen auf Graciosa mit seinem Kurbad Carapacho, dann werden auch ein bis zwei Wochen nicht zu lang.

Einzig das winzige Corvo bietet sich kaum für längere Aufenthalte an. Zu klein ist diese Welt mit ihrem 500-Einwohner-Ort Vila do Corvo und der rauen Vulkankraterlandschaft des Caldeirão. Was nicht heißt, dass Sie sich nicht einen Tagesausflug ab Flores auf die immerhin von der UNESCO zum Biosphärenreservat gekürte Miniaturinsel gönnen könnten …

WAS STECKT DAHINTER?

Die kleinen Geheimnisse sind oftmals die spannendsten. Hier werden die Geschichten hinter den Kulissen erzählt.

WO IST DAS AZORENHOCH?

Aus dem Wetterbericht im Fernsehen kennt jeder das Azorenhoch. Wenn es mit den vorherrschenden Westwinden einen Keil nach Mitteleuropa schiebt, sorgt es bei uns für sonnige Witterung. Auf den Inseln selbst macht es sich hingegen eher rar. Hier wechseln meist in rascher Folge Warm- und Kaltfronten von Tiefdruckgebieten einander ab, wechselhaftes Wetter ist die Folge. Das Hoch verlagert sich nämlich je nach Jahreszeit von den Azoren aus rund 2500 km nach Südwest oder Nordost. Seinen Namen verdankt es der Tatsache, dass Horta (Faial) um die Wende vom 19. zum 20. Jh. als Station für klimatologische Forschungen im Atlantik diente und von hier aus ab 1893 Wetterdaten via Seekabel nach Europa gemeldet wurden, die als Grundlage für erste wissenschaftlich fundierte Wettervorhersagen dienten.

WAS HAT ES MIT DEM HEILIGGEISTBROT AUF SICH?

Anlässlich des Heiliggeistfestes, das viele Azorengemeinden im Sommer begehen, segnet der Pfarrer die von den Gläubigen am Altar abgelegten, mit Blumen geschmückten Brote. Dahinter steht der Gedanke der Herabrufung des Heiligen Geistes auf diese Gabe. Die Brote werden aus *massa sovada* gebacken, einem süßen, mit Zitrusschalen gewürzten Knetteig. Um Santo Amaro (15. Januar) zu feiern, wird der gleiche Teig zu Armen oder Beinen geformt, zum Dank für die Heilung von Knochenbrüchen in Erfüllung eines Gelübdes. Am 17. Januar, dem Namenstag des hl. Antonius, des Patrons der Haustiere, nehmen ähnliche Backwaren die groteske Gestalt verschiedener Tiere an. Auch zu anderen Anlässen kommt Brot aus *massa sovada* auf den Tisch, oft zum Frühstück etwa in Landhaushotels.

WARUM BEVORZUGT DER POTTWAL DIE AZOREN?

Wenn bei den Azoren ein Wal gesichtet wird, handelt es sich in 42 % aller Fälle um einen Pottwal. Der riesige Meeressäuger ernährt sich von Tintenfischen, die an den steil zur Tiefsee abfallenden Küsten der Inseln reichlich zu Hause sind. Seine Lieblingsspeise ist der 10 m lange Riesenkalmar, dem er in große Wassertiefen folgt. Während andere Wale sich nur im Frühjahr blicken lassen, auf der Durchreise von den Paarungsgebieten am Äquator in die reichen Fanggründe im Nordatlantik, halten sich weibliche Pottwale das ganze Jahr über im Archipel auf, wo sie ihre Jungen aufziehen. Nur die Männchen wandern im Sommer nach Norden.

50 DINGE, DIE SIE ...

Hier wird entdeckt, probiert, gestaunt, Urlaubserinnerungen werden gesammelt und Fettnäpfe clever umgangen. Diese Tipps machen Lust auf mehr und lassen Sie die ganz typischen Seiten erleben. Viel Spaß dabei!

... ERLEBEN SOLLTEN

1 Per Kajak auf dem blauen See
An der Lagoa Azul von Sete Cidades werden Kajaks vermietet. Wer den See lieber geführt erleben will, als selbst zu paddeln, kann im Auslegerkanu mitfahren. (www.garoupa.pt, Kajak 2 Pers./Std. 10 €). Reservieren!

2 Schlauchbootfahrt nach Corvo
Alternative zur Personenfähre für Mutige: die 90-minütige Überfahrt im offenen Schlauchboot ab Santa Cruz das Flores. Skipper Carlos wählt die Route entlang der mit Grotten gespickten Felsküste (Vermittlung Hotel Ocidental › S. 144).

3 Im Labyrinth verirren Erkunden Sie den Irrgarten im Waldpark Pinhal da Paz › S. 69. Buchsbaumhecken grenzen den richtigen Weg von zahlreichen Sackgassen ab, in denen Sie sich vergnüglich verlieren können.

4 Warmbaden im Meer In der kleinen Badebucht an der Ponta da Ferraria ▮ C11, São Miguels Westspitze, sprudeln warme Quellen aus dem Fels. Bei Niedrigwasser erhöhen sie die Wassertemperatur auf satte 28 °C. Vorsicht bei Wellengang, der Strand ist unbewacht!

5 In die Unterwelt eintauchen
Ganz Ponta Delgada wird unterirdisch von der Gruta do Carvão ▮ D12 durchzogen. Bei der Erkundung der Vulkanhöhle lernen Sie Lavatropfen und Basaltstalagtiten kennen (Rua do Paim, http://grutadocarvao.amigosdosacores.pt, Führungen tgl. 10.30, 11.30, 14.30, 15.30, 16.30 Uhr, Eintritt 5 €).

6 Maritimer Fossilienpfad Auf Santa Maria lagern reichlich versteinerte Muscheln, Schnecken und Korallen in bis zu fünf Millionen Jahre alten Kalksedimenten, oft nur per Boot erreichbar. Exkursionen auf dem »Trilho Marítimo dos Fósseis« führen ab Vila do Porto ▮ G18 in 5 Std. einmal rund um die Insel, mit Stopps an mehreren Fundplätzen (www.divecenter.mantamaria.com, ca. 40 € p.P., mind. 6 Teilnehmer).

7 Den Priolo aufspüren Seltenheitswert hat der Azorengimpel, ein endemischer Singvogel › S. 45, dessen Heimat der Osten von São Miguel ist. Das Centro Ambiental do Priolo bei Nordeste › S. 77 veranstaltet Beobachtungsexkursionen.

8 Faial im Linienbus Jeden Vormittag startet um 11.45 Uhr (außer am Wochenende) in Horta an der Haltestelle Avenida-Terminal (nahe

An der Badebucht Ponta da Ferraria fließen therapeutische Wasserquellen ins Meer

Fährhafen) › S. 107 ein ganz normaler Linienbus der Gesellschaft Farias (www.farias.pt) zu einer zweistündigen Rundfahrt im Uhrzeigersinn über die Ringstraße.

9 Abschüssige Fahrt Mit dem Mountainbike geht es downhill fast 1000 m hinab, jedenfalls für diejenigen, die sich von einem Transporter der Base Peter Zee mitsamt Rad zur Caldeira hinaufbringen lassen. Die Hortensienblüten am Wegrand sausen nur so vorbei (www.petercafe sport.com, Rad/Transfer 20 € p. P.).

10 Im Grünen Im üppigen Park der Reserva Florestal auf Flores › S. 145 führen gewundene Pfade zum Miradouro Belvedere hinauf (30–45 Min.). Auf dem attraktiven Picknickplatz der Forellenzucht können Sie mitgebrachte Vorräte auspacken: Käse, Rotwein, Früchte.

... PROBIEREN SOLLTEN

11 Ananaslikör Die Plantage Ananases de Santo António 🪧 D12 lädt zum Besuch ein. Hier wird die Ananas rein biologisch angebaut. Kosten Sie den köstlichen hausgemachten Likör (Rua José Manuel Bernardo Cabral 1, Ponta Delgada, São Miguel, www. facebook.com/ananasessantoantonio, tgl. 9–18, Sommer bis 20 Uhr).

12 Süßes Brot Das süße Fladenbrot *bolo lêvedo* verspeisen die Kurgäste in Furnas seit jeher zum Frühstück, mit Marmelade oder Honig bestrichen. Mundet auch zu anderen Tageszeiten, z. B. mit Käse und Wein (Rosa Quental █ G12, Rua de Santana 16 A, Furnas, São Miguel).

⓭ Käse von Terceira Die älteste Molkerei von Terceira, Queijo Vaquinha › S. 55, stellt in handwerklicher Tradition Butter, Frischkäse und einen festen, runden Bauernkäse her. Letzterer schmeckt besonders würzig als »Picante«.

⓮ Stockfisch Einen Versuch wert ist der *bacalhau*. Nichts ist typischer für Portugal als dieser gesalzene und luftgetrocknete Kabeljau. 365 Rezepte soll es geben, für jeden Tag des Jahres eines. Gekonnt zubereitet z. B. bei O Roberto › S. 68.

⓯ Flair vergangener Zeiten Im Café Internacional █ B8 traf sich in den 1920er-Jahren ein kosmopolitisches Publikum. Wer hier einen Milchkaffee und ein Puddingtörtchen genießt, erspürt noch die damalige Atmosphäre (Rua Conselheiro Medeiros 1, Horta, Faial, Tel. 292 293 057, tgl. geöffnet).

⓰ Meeresfrüchte einmal anders Seepocken *(cracas)* erfreuen sich vor allem auf Terceira großer Beliebtheit. Lassen Sie sich diesen Leckerbissen nicht entgehen, z. B. im Restaurant Beira Mar › S. 99, auch wenn beim Essen der winzigen Krebstiere mit einer Art Spatel einiges Fingerspitzengefühl nötig ist.

⓱ Vulkangekochte Maiskolben Frisch geernteter Mais, in Säcke gepackt, köchelt im Sommer in den heißen Schwefelquellen der Caldeiras › S. 73 in Furnas vor sich hin. Stände gleich nebenan verkaufen die fertig gegarte, aromatische Knabberei, die man mit Butter und Salz essen kann.

In den heißen Schwefelquellen in Furnas erhalten die Maiskolben ein besonderes Aroma

18 Tiefroten Landwein Der fruchtige Vinho do Cheiro, aus der Hybridrebe Isabella gewonnen, gehört vor allem bei Volksfesten als feste Größe dazu. Zwar enthält er wenig Alkohol, doch Vorsicht: Bei überreichlichem Genuss droht der berühmte »Brummschädel«!

19 Geschmortes aus der Kupferpfanne Die *cataplana,* Südportugals traditionelle Deckelpfanne, kommt auch auf den Azoren gern für Schmorgerichte zum Einsatz, in denen Fisch und Meeresfrüchte die Hauptrolle spielen. Eine der besten serviert O Ancoradouro › S. 124.

20 Deftige Wurst Unter den rustikalen Spezialitäten ragt die *linguiça* (geräucherte Paprikawurst) heraus. Gern wird sie mit gekochtem *inhame* (Taro) kombiniert, einer stärkehaltigen Wurzel, die den Inselbewohnern in alten Zeiten die Kartoffel ersetzte. Preiswert und gut in der Casa de Pasto »A Canadinha« N6 (Av. Infante Dom Henrique 24 E, Angra do Heroísmo, Terceira, Tel. 296 216 373).

... BESTAUNEN SOLLTEN

21 Wüstenlandschaft Bei Anjos auf der Insel Santa Maria › S. 82 überrascht der wüstenhafte Aspekt des Barreiro da Faneca mit rotem, kargem und lehmigem Boden. Diese einzigartige Landschaft entstand durch den Abbau von Ton und steht heute unter Naturschutz (ausgeschildert ab der Straße von São Pedro nach Anjos).

Roter »Wüstensand« im Barreiro da Faneca auf der Insel Santa Maria

22 Eine seltene Pflanze Die Unheilvolle oder Styx-Wolfsmilch *(Euphorbia stygiana)* kommt nur auf den Azoren vor und gilt selbst hier als botanische Rarität. Im Hochland von Pico ist der mehrere Meter hohe Strauch an der Straße zur Lagoa do Caiado › S. 130 recht einfach zu entdecken. Die Pflanze wächst natürlich auch im Botanischen Garten von Faial › S. 113.

23 Blick auf Caloura Kaum ein Aussichtspunkt bietet einen idyllischeren Blick als der Miradouro do Pisão E13. Als Parklandschaft, umgeben von Felsriffen und schäumendem Atlantik, liegt der Villenort Caloura › S. 71 Betrachtern zu Füßen (westlich von Água de Pau an der ER 1-1, der alten Küstenstraße nach Vila Franca de Campo).

Monumentaler Barockaltar in der früheren Jesuitenkirche in Ponta Delgada

24 Basaltorgel Wie Orgelpfeifen reihen sich auf Flores die mächtigen, sechseckigen Säulen der Basaltformation Rocha dos Bordões  A13 aneinander. Bestens zu sehen von einem Miradouro an der Landstraße zwischen Lajedo und Fajã Grande.

25 Barocke Pracht Die einstige Jesuitenkirche in Ponta Delgada › S. 65 beherbergt das größte Barockretabel ganz Portugals, eine monumentale Holzschnitzerei aus Eichen- und Zedernholz, üppig verziert mit Blumenmotiven und Engelsfiguren (Núcleo de Arte Sacra do Museu Carlos Machado).

26 Mystische Figuren Vor ca. 200 Jahren schuf eine Nonne biblische Szenen aus zahllosen Miniaturen, die sie aus Gelatine, gemahlenem Glas, Reismehl oder *Gummi arabicum* formte, um sich dem mystischen Geheimnis zu nähern (Museu Casa do Arcano, Rua João d'Horta, Ribeira Grande, São Miguel, www.ribeiragrande.pt/geo/museu-casa-do-arcano, Mo–Fr 9 bis 17 Uhr, Eintritt 2 €).

27 Stiller Kratersee Sehr romantisch ist die mit Seerosen zugewachsene Lagoa da Falcã  N5/6 im Hochland von Terceira. Im Wasser planschen Enten, am Ufer blühen Hortensien. Rundum gedeiht ein wahrer Zauberwald (an der ER 5 am Südostrand der Serra de Santa Bárbara).

28 Sonnenuntergang Richtung Amerika Nur jede Menge Wasser trennt die Westküste von Flores vom amerikanischen Kontinent. So wird der Sonnenuntergang, beobachtet vom Strand von Fajã Grande › S. 146, zum besonderen Erlebnis.

29 Reitende Milchbauern Auf São Miguel sind sie noch anzutreffen, etwa rund um den Kraterrand der Sete Cidades › S. 70: Landwirte hoch zu Ross, die – je eine Milchkanne rechts und links am Sattel – auf die Weiden reiten, um ihre Kühe zu melken.

30 Neuseeländische Weihnachtsbäume In ihrer Heimat blühen sie um die Jahreswende, auf den Azoren mitten im Sommer. Die auffälligen Bäume mit roten Blütenquasten und behaarten Blättern sind allgegenwärtig, z. B. auf der Praça do Infante in Horta (Faial) › S. 107.

... MIT NACH HAUSE NEHMEN SOLLTEN

31 T-Shirt mit Peter-Logo Nicht nur Segler machen mit einem der kultigen T-Shirts von Peter Café Sport › S. 107, der legendären Hafenkneipe auf Faial, etwas her.

32 Butterdose mit Blumendekor Seit fünf Generationen stellt die Fábrica Cerâmica Vieira › S. 71 Keramik von Hand her. Jedes Stück ist einzigartig. Schön und praktisch die mit Blütenmotiven bemalten, runden Butterdosen.

33 Webteppich von São Jorge Wunderschöne Webteppiche mit geometrischen Mustern in Blau und Weiß, die zu Hause Wände und Sofas zieren, sind das Markenzeichen der Cooperativa de Artesanato Sra. da Encarnação bei Urzelina › S. 136.

34 Lavaschmuck Paulo do Vale verarbeitet das »schwarze Gold«, das Basaltgestein der Inseln, zu Schmuckstücken, wunderbar etwa als Ring in Kombination mit Rotgold und Diamanten (Ourivesaria Martins do Vale, Rua Machado dos Santos 89, Ponta Delgada, www.paulodovale.com).

35 Biogrüntee Ein Spitzenprodukt von Chá Gorreana › S. 78 ist »Chá Verde Encosta de Bruma«, ein milder grüner Tee aus biologischem Anbau. In der attraktiven 80 g-Packung bestens als Geschenk geeignet (ca. 4,50 €).

36 Fotos von Heiligen Andachtsbilder aus bemalten Fliesen, die z. B. Maria als Beschützerin des Heims darstellen, schmücken die Fassaden der kleinen Bauernhäuser. Es lohnt sich, nach den schönsten Fotomotiven Ausschau zu halten.

Viele Häuser auf den Azoren sind traditionell mit einem Heiligenbild verziert – zum Schutz der Bewohner

Aus den Pfefferschoten wird eine scharfe Chilipaste hergestellt

37 Azorischer Römertopf Traditionell wird die Heiliggeistspeise, das Fleischragout *alcatra* › S. 52, im *alguidar* geschmort. In Angra do Heroísmo fertigt eine Töpferei die breiten Tonschüsseln wie in alten Zeiten (Olaria de São Bento, Rua Salto 91, www. facebook.com/olariades-bento).

38 Comics mit der Kuh Auf Terceira, wo die Menschen für Humor bekannt sind, griffen findige Zeichner das Thema des allgegenwärtigen Rindviehs auf und verzierten Souvenirs mit witzigen Kuh-Karikaturen. Speziell die Tassen genießen Kultstatus (Marina Souvenirs ▮ 05, Hotel Praia Marina, Av. Álvaro Martins Homem, Praia da Vitória, www.marina-souvenirs.com).

39 Brombeerlikör Auf Pico wird das intensive Aroma wilder Brombeeren im *licor de amoras* eingefangen, der in Eichenfässern reift (Adega do Cachorro, Porto Cachorro › S. 124, Tel. 292 622 418).

40 Scharfe Schote Selbstgemachte *massa de malagueta* verleiht auf den Azoren fast allen traditionellen Speisen die gewünschte Schärfe. Köcheln Sie das feurige Würzmus mit Olivenöl und Salz nach lokalem Rezept einfach zu Hause aus mitgebrachten *malaguetas* (Pfefferschoten) vom Markt.

... BLEIBEN LASSEN SOLLTEN

41 Getrennt zahlen Kleinere oder größere Gruppen bekommen vom Kellner stets eine gemeinsame Rechnung. Entweder zahlt einer für alle oder es wird großzügig geteilt.

42 Stimmt so Wer im Restaurant Trinkgeld geben möchte, lässt sich immer erst das Wechselgeld herausgeben. Beim Verlassen des Lokals bleiben dezent ein paar Münzen auf dem Rechnungsteller liegen.

43 Ungeduld zeigen Die Uhren gehen auf den Azoren etwas langsamer. Am besten von vornherein etwas mehr Zeit einkalkulieren.

44 Leitungswasser trinken Es ist oft chemisch behandelt und eignet sich zum Trinken und Zähneputzen eher nicht. Besser Tafelwasser aus dem Supermarkt nehmen.

45 An exponierten Stränden baden Als recht gefährlich gelten einige brandungsumtoste Strände, etwa bei Fajã (Faial) › S. 115. Besser nur an bewachten Stränden und in offiziellen Felspools baden und die Beflaggung (rot = Badeverbot) beachten!

46 Pottwalsouvenirs kaufen Andenken aus Zähnen und Knochen des Pottwals werden z. T. noch angeboten. Die Mitnahme ist nur bei zertifizierter Ware erlaubt › S. 43.

47 Mit Tauchgerät zu den Delfinen Bei der Annäherung an Delfine ist der Einsatz größeren Tauchgeräts verboten, nur Schnorchel und Brille sind erlaubt. Bei der Teilnahme an organisierten Beobachtungsfahrten › S. 43 entscheidet der Skipper, ob die Meeressäuger in Spiellaune sind.

48 Den Stierkämpfer geben Junge Männer stellen sich beim traditionellen Stiertreiben »Tourada à corda« › S. 89, vor allem auf Terceira, den Tieren auf offener Straße tollkühn entgegen, nur mit Handtuch und Regenschirm bewaffnet. Vom Nachmachen wird wegen der Verletzungsgefahr dringend abgeraten!

49 Seevögel beim Brüten stören Auf dem Vulcão dos Capelinhos bruten Seevögel › S. 117. Die Naturparkverwaltung rät dringend davon ab, den Gipfel des Vulkans zu erklimmen.

50 Unangemeldet auf den Pico Der Aufstiegspfad zum Pico ist im Wolkennebel schwer zu finden. An- und später Abmeldung sind daher für Wanderer Pflicht › S. 126.

Nicht alle Strände auf den Azoren eignen sich zum Baden, wie die Ponta dos Capelinhos auf Faial, die starker Brandung ausgesetzt ist

Ein inseltypisches Bild sind die Windmühlen der Azoren, wie in Vila do Porto auf Santa Maria

REISEPLANUNG
& ADRESSEN

DIE REISEREGION IM ÜBERBLICK

Bekannt sind die Azoren vor allem durch das nach ihnen benannte Hoch, das über der Inselgruppe entsteht, bevor es nach Europa weiterzieht und dort das Wetter bestimmt. Für Reisende sind die neun Vulkaneilande mitten im Atlantik aber nach wie vor ein Geheimtipp.

São Miguel und **Santa Maria** bilden die klimatisch bevorzugte Ostgruppe des Azoren-Archipels. Auf São Miguel gedeihen tropische Früchte und die Südküste erinnert stellenweise an die Riviera. Im grünen Norden liefern die letzten Teeplantagen Europas handsortierten Tee. Grün und blau schimmern die Seen in den Einsturzkratern Sete Cidades und Lagoa do Fogo. Aus Quellen bei Furnas sprudelt heißes Wasser, das zum Baden und Kuren genutzt wird, und leckere Eintöpfe garen im Boden allein durch Erdwärme. Es gibt Unterkünfte für jeden Geschmack und Geldbeutel: Kleinere und größere Stadthotels in der Hauptstadt Ponta Delgada, ländliche Quartiere in umgebauten Gutshöfen, Bade- und Taucherhotels am Meer. Santa Maria, oft als »Algarve der Azoren« bezeichnet, wird seltener besucht. Am weißen Sandstrand von Praia Formosa ist noch viel Platz. Ansonsten zeigt sich die Insel von den Dimensionen her recht übersichtlich und selbst der Hauptort Vila do Porto wirkt sehr beschaulich.

Am Nordrand der Mittelgruppe liegen **Terceira** und **Graciosa**. Terceira besaß über Jahrhunderte hinweg den Haupthafen der Azoren und war wichtige Anlaufstelle auf dem Weg über den Atlantik. Dementsprechend ist die Hauptstadt Angra do Heroísmo mit Baudenkmälern reichlich ausgestattet und wurde von der UNESCO als Weltkulturerbe eingestuft. Besuchermagneten sind die Fumarolen Furnas do Enxofre und der Vulkanschlot Algar do Carvão. Der Weinbauernort Biscoitos ist nicht nur für seinen süßen Aperitif berühmt, sondern auch für die attraktiven Felspools am Meer. Das Hotel- und Freizeitangebot auf Terceira ist ähnlich gut aufgestellt wie auf São Miguel, auch wenn insgesamt weniger Besucher kommen.

Die kleine Insel Graciosa hingegen, seit 2007 in ihrer Gesamtheit Biosphärenreservat der UNESCO, ist ein echter Geheimtipp. Auch hier gibt es Fumarolen und Vulkanschlote zu besichtigen und Thermalquellen speisen ein Kurbad. Für längere Aufenthalte wird allerdings wenig geboten, Unterkünfte und Freizeitmöglichkeiten sind begrenzt.

Der Jachthafen der Hauptstadt Horta verleiht **Faial** im Sommer eine junge, internationale Atmosphäre. Segeln, Tauchen und Whalewatching sind hier angesagt, aber auch Bummeln und Shopping. Ansonsten verteilen sich rings um die relativ kleine Insel einige Bauerndörfer, hinter denen sich Weideland bis zur Caldeira in die Höhe zieht. Wanderer kommen an diesem zentralen Riesenkrater auf ihre Kosten, ebenso wie im jungvulkanischen

Erstarrte Lava kann die bizarrsten Formen annehmen wie hier auf Pico

Westen, wo der durch einen unterseeischen Ausbruch in den 1950er-Jahren entstandene Vulcão dos Capelinhos als jüngster Vulkan der Azoren viele Neugierige anzieht. Die meisten Besucher von Faial wohnen in Horta, aber auch auf dem Land gibt es ruhige Quartiere.

Portugals höchster Berg ist zugleich eine ganze Insel. **Pico.** Der wunderschöne Vulkankegel überragt ein einsames, grünes Hochland mit lauschigen Kraterseen. Unten am Meer erstreckt sich ein Mosaik aus winzigen Weinbergparzellen, von dunklen Lavasteinmauern gesäumt, das der UNESCO die Auszeichnung als Weltkulturerbe wert war. Auch verteilen sich an der Küste kleinere und größere Orte mit komfortablen oder bescheidenen Unterkünften, die allesamt viel unverdorbene Landschaft um sich herum bieten. Nur im Hauptort Madalena gibt es ein größeres Hotel. Pico ist ein Eldorado für Wanderer, Walbeobachter und Taucher, die ein individuelles Ambiente lieben.

Wanderinsel der Azoren schlechthin ist **São Jorge** mit seiner flachen, von niedrigen Vulkankegeln gekrönten Hochebene und den berühmten *fajãs,* Schwemmlandstreifen mit Strandseen unterhalb der Steilküste, von denen einige nur zu Fuß zu erreichen sind. Es gibt nur wenige, dafür aber familiär geführte und behagliche Quartiere. Auch Camping ist auf São Jorge verbreiteter als auf den anderen Inseln. Die Unterhaltungsangebote sind bescheiden, dafür gibt es hier viel Natur, Ursprünglichkeit und den besten Käse der Azoren.

Am äußersten Rand des Archipels liegt die Westgruppe: **Flores** und **Corvo**. Beide Inseln sind Biosphärenreservate der UNESCO. Flores erhält viel Regen durch Tiefausläufer, profitiert allerdings auch in besonderem Maße vom Golfstrom. Der deshalb besonders üppigen Vegetation verdankt die Insel ihren Namen (port. *flores* = Blumen). Mit historischen Gemäuern und urigem Fischerhafen wirkt der Hauptort Santa Cruz fast museal. Hier, aber auch im Fährhafen Lajes oder im Badeort Fajã Grande kann man sich einquartieren. Wanderwege durchziehen das Hochland mit seinen attraktiven Kraterseen und die Steilküste im Westen. Weitere Aktivitäten sind Canyoning, Tauchen und Bootsfahrten. Die winzige Nachbarinsel Corvo ist ein Ziel für absolute Inselfreaks. Es gibt eine nur wenige Unterkünfte, ein Restaurant und zwei Sehenswürdigkeiten: ein Besucherzentrum mit Ausstellungen zu Natur und Kultur sowie den zentralen Vulkankrater Caldeirão.

KLIMA & REISEZEIT

Zwar bringt das Azorenhoch, das sich regelmäßig über dem Atlantik südlich des Archipels aufbaut, Europa sonniges Wetter. Doch auf den Inseln selbst hat jeder Tag vier Jahreszeiten – sagen die Azorianer.

Gemeint sind schnelle Wechsel von Regenschauern und Sonnenschein, Sturmböen und Windstille. Die Nordküsten erleben fast immer starken Seegang und Wind. Die Südseiten vor allem der höheren Inseln genießen generell ein milderes Klima. Häufig in Nebelbänke hüllen sich die Berge, sodass Wanderer die Sonnenlöcher nutzen sollten. Als wärmste Insel gilt Santa Maria. Je weiter man innerhalb des Archipels nach Westen kommt, umso rauer kann das Wetter werden. Dies gilt insbesondere für Flores und Corvo.

Allgemein sind die Temperaturen ganzjährig recht ausgeglichen. Sie schwanken tagsüber zwischen 14 °C im Februar und 28 °C im August. Nachts kühlt es nur wenige Grad ab. Generell ist die Luftfeuchtigkeit recht hoch. Schwülwarm wird es im August und September. Die Niederschläge verteilen sich

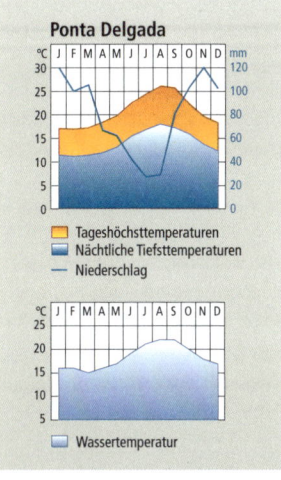

gleichmäßig über das Jahr, stärkere Winde sind eher im Winter zu verzeichnen. Ganzjährig gehören robuster Regenschutz und ein winddichter Anorak ins Gepäck, zwischen Oktober und Mai auch ein wärmender Pullover.

Beliebteste Reisezeit ist der Sommer (Juni bis September). Diese Zeit fällt mit der Badesaison zusammen. Im Juli/August urlauben viele Emigranten aus Übersee auf den Inseln. Dann sind die begrenzten Bettenkapazitäten schnell ausgebucht. Also empfehlen sich eher der Juni oder September für eine Reise auf die Azoren. Besonderen Reiz haben die Übergangszeiten (Oktober und April/Mai) sowie die Wintermonate, wenn kaum Touristen unterwegs sind, aber an manchen Tagen strahlender Sonnenschein auf die Inseln fällt.

ANREISE

Ponta Delgada (São Miguel) wird von einigen Fluggesellschaften direkt angeflogen, meist geht es über Zwischenstopp in Lissabon auf die Azoren.

Germania (www.flygermania.com) fliegt im Sommerhalbjahr 1 × in der Woche nonstop von Düsseldorf nach Ponta Delgada (São Miguel), mit Ryanair (www.ryanair.com) geht es ab Frankfurt-Hahn ebenfalls 1 × pro Woche ohne Zwischenlandung nach Ponta Delgada. Ganzjährig fliegt Azores Airlines (www.azoresairlines.pt) von Frankfurt 1–3 × pro Woche nach Ponta Delgada (Flugzeit jeweils gut 4 Std.). Ansonsten geht es stets über Lissabon. Von dort gelangt man mehrmals täglich mit TAP Portugal (www.

> 💬 **WANN WOHIN?**
>
> Ein Event, der das Herz von Blumenliebhabern höher schlagen lässt, ist die Hortensienblüte. Sie erstreckt sich von Ende Juni in den tieferen Lagen bis in den September hinein in den Bergen. Im September wird sie durch die Ingwerblüte abgelöst. Dann entfalten sich überall die attraktiven, orangefarbenen Rispen der Girlandenblume (Zier-Ingwer). In der Osterzeit blühen zahlreiche Azaleen und Rhododendren. Wer die Azorianer beim Feiern erleben möchte, sollte zu Pfingsten anreisen, der Zeit der Heiliggeistfeste > S. 49.
>
> Vielerorts werden sie aber auch noch an den folgenden Wochenenden bis weit in den Sommer hinein begangen. Speziell in Ponta Delgada ist die Festa do Senhor Santo Cristo dos Milagres fünf Wochen nach Ostern ein Höhepunkt des Festtagskalenders > S. 50. Im August steigt auf Santa Maria das internationale Musikfestival »Maré de Agosto« (www.maredeagosto.com), auf Faial die »Woche des Meeres« und auf Pico das Walfängerfest.

flytap.com), **Ryanair** (www.ryanair.com), **Easyjet** (www.easyjet.com) oder Azores Airlines in ca. 2 Std. auf die Azoren. Angeflogen werden Ponta Delgada, Santa Maria, Terceira, Horta (Faial) und Pico. Nach Lissabon besteht täglich oder mehrmals wöchentlich Anschluss ab Frankfurt, München, Düsseldorf, Köln, Stuttgart, Hamburg, Berlin, Wien, Zürich und Genf mit TAP, Lufthansa, Austrian Airlines und Swiss.

Bei Germania kosten Hin- und Rückflug ab Düsseldorf ab ca. 250 €, bei Azores Airlines von Frankfurt oder München 300–800 €. Bei TAP Portugal kostet es in der Economy Class je nach Jahreszeit zwischen 600 und 900 €. Fährverbindungen von den Azoren zum Festland existieren nicht.

REISEN IN DER REGION

INLANDFLÜGE

Die Fluggesellschaft **SATA Air Açores** (www.azoresairlines.pt) bedient alle Inseln mit relativ neuen Propellermaschinen der Typen Bombardier Dash Q200 Nextgen und Dash Q400 Nextgen. Pufferzeiten muss man – gerade wenn es um den Urlaubsrückflug geht – einplanen, da Abflüge sich wetterbedingt verzögern können. Preisbeispiele: Ponta Delgada (São Miguel) – Horta (Faial) ca. 100 €, Ponta Delgada – Santa Maria ca. 62 € (jeweils einfache Strecke). Azores Airlines bietet überdies interessante Stopover-Flüge an.

SCHIFFSVERBINDUNGEN

Alle Fähren innerhalb des Archipels werden von **Atlânticoline** (www.atlanticoline.pt) betrieben. Zwischen Anfang Mai und Ende September verkehren die beiden Autofähren der **Linha Amarela** (»gelbe Linie«) zwischen den Inseln der Ost- und Mittelgruppe und im Hochsommer z. T. auch nach Flores. Preisbeispiele: Ponta Delgada (São Miguel) – Praia da Vitória (Terceira) ca. 50 €, Ponta Delgada – Vila do Porto (Santa Maria) ca. 30 € (jeweils pro Person einfach). Von Ponta Delgada nach Santa Maria bietet sich auf diese Weise ein Tagesausflug an (Fahrzeit pro Strecke 3 Std.). Eine Vorausbuchung ist nicht nötig, die Tickets werden online, in Reisebüros vor Ort oder am Hafenschalter (dort 5 € Verwaltungsgebühr) verkauft. Kabinen gibt es nicht, die Fahrten erfolgen tagsüber.

Zwischen den Inseln Faial, Pico und São Jorge verkehren Personenfähren und kleine Autofähren ganzjährig. Die **Linha Azul** (»blaue Linie«) zwischen Horta (Faial) und Madalena (Pico) wird bis zu 8 × tgl. bedient. Etwas seltener pendeln Fähren der **Linha Verde** (»grüne Linie«) zwischen Horta (Faial), Madalena (Pico), São Roque (Pico) und Velas (São Jorge) hin und her. Die Fahrpläne können sich kurzfristig ändern. Preise einfach: Horta – Madalena 3,60 €, Horta – Velas 15,50 € (Tickets am Hafenschalter oder online).

Die lang gestreckte Azoreninsel São Jorge aus der Luft

Die **Linha Rosa** verbindet mit der Personenfähre »Ariel« ganzjährig Flores und Corvo. Abfahrtshafen auf Flores ist meist Santa Cruz, von dort geht es im Hochsommer fast tgl., sonst 2–3 × pro Woche nach Corvo. Im Sommer wird an manchen Tagen auch in Lajes das Flores Richtung Corvo abgelegt. Fahrpreis einfach 10 €.

AUF DEN INSELN

Mietwagen: Recht verbreitet sind Mietwagen (außer auf Corvo). Wer eine Unterkunft über einen Reiseveranstalter bucht, kann den Wagen meist schon mitbuchen, was manchmal günstiger ist als die Anmietung vor Ort. Ebenso ist die Buchung über spezialisierte Internetseiten meist günstiger.

Ansonsten gibt es an den Flughäfen und z. T. auch an den Häfen Büros von internationalen und örtlichen Mietwagenfirmen. Auch Hotels helfen bei der Vermittlung. Auf São Miguel, Terceira und Faial bekommt man einen Wagen pro Tag (inkl. Steuern und Vollkaskoversicherung, ohne Kilometerbegrenzung) ab ca. 27 €, pro Woche ab 130 €, auf den anderen Inseln erst ab ca. 50 € pro Tag.

Taxis: Taxifahren ist relativ günstig. Preisbeispiele für São Miguel: Ponta Delgada – Mosteiros 25 €, Ponta Delgada – Furnas 38 €. Für Gepäck kann ein Aufschlag (2 €) erhoben werden. Um 20 % erhöhter Tarif nachts zwischen 21 und 6 Uhr sowie an Sonn- und Feiertagen.

Linienbusse: Die Liniennetze auf São Miguel und Terceira sind relativ dicht. Auf den anderen Inseln verkehren nur wenige Busse. Für Touren und Ausflüge, speziell in die zentralen, gebirgigen Teile der Inseln, sind Busse daher nur in seltenen Fällen geeignet.

REGIONAL & AUTHENTISCH

Die Milchbauern auf den Azoren setzen auf Qualität ihrer regionalen Erzeugnisse

David Costa steht stellvertretend für eine neue Generation, die gerade das Zepter auf den Inseln übernimmt. In Topo an der Ostspitze von São Jorge, also buchstäblich »am Ende der Welt«, wagte er es, das mangels Kundschaft geschlossene Gasthaus »O Caseiro« zu übernehmen und wiederzueröffnen. Sein Ziel ist es, die örtlichen Produkte zu unterstützen. In diesem Sinne bietet er ein »prato do dia« mit Fleisch oder Fisch zur Wahl an, und als Vorspeise gibt es Brot und Inselkäse. »Auf diese Weise kann ich das Unsrige zeigen und fördern«, gibt sich der Jungunternehmer optimistisch.

Auch die jungen Frauen schieben sich heute stärker in den Vordergrund als es ihre Mütter und Großmütter taten. Zum »local hero« avancierte Paula Rego in ihrem Heimatort Furnas (São Miguel). In einen Betrieb mit rund 100 Milchkü-

hen hineingeboren, entwickelte sie schon als 15-Jährige eine ausgefeilte handwerkliche Käseproduktion. > S. 54. Dadurch entlastete sie ihren Vater, dem die Milchquote der EU zu schaffen machte. Das Besondere ist die Lake aus Thermalwasser, in der die Käselaibe ihrer Queijaria Furnense reifen. »Wir wollten nicht einfach einen weiteren Käse fertigen, sondern ein einzigartiges Produkt schaffen. Daher beschlossen wir, unserem Käse eine gewisse Authentizität zu verleihen«, sagt sie heute.

O Caseiro
- Rua Silveira Noronha 165 | Topo
  São Jorge | Tel. 964 740 504
  www.facebook.com/snackbarocaseiro
  Di–So 9–24 Uhr

Queijaria Furnense
- Rua do Caminho Novo 1 | Furnas
  São Miguel | Tel. 296 588 134
  www.facebook.com/queijariafurnense
  Tgl. 11–20 Uhr

SPORT & AKTIVITÄTEN

Die Azoren ziehen in erster Linie Wanderer an, aber auch Radler, Reiter und Golfer lieben das Terrain, ebenso wie Anhänger des Canyoning und Coasteering. Die natürlichen Felspools laden zum Baden und zahlreiche Tauchspots zur Erkundung der Unterwasserwelt ein.

WANDERN

Die wohl wichtigste Urlaubsaktivität auf den Azoren ist das Wandern. Erkunden lassen sich die Inseln auf Forstpisten, Viehauftriebswegen (*canadas*) und Fußpfaden. In diesem Reiseführer sind die schönsten Touren in Form von Kurzbeschreibungen aufgenommen. Bei der Durchführung helfen spezielle Wanderbücher (im deutschsprachigen Buchhandel) und die Website http://wanderwege.visitazores.com/de/wanderwege-der-azoren, wo alle markierten Wanderwege auf Deutsch beschrieben sind (jeweils mit Karte und GPS-Track zum Herunterladen). Verschiedene Spezialveranstalter bieten Gruppen-Wanderreisen auf die Azoren an. Zur Ausrüstung sollten regen- und winddichte Kleidung sowie knöchelhohe Trekkingstiefel zählen.

REITEN

Auf São Miguel, Terceira und Faial wird Reiten großgeschrieben und hat eine lange Tradition, die auf den Großgrundbesitz in der Blütezeit des Orangenanbaus zurückgeht. Es gibt zu Landhotels umgebaute Gutshöfe, die Pferde für ihre Gäste bereithalten, z. B. auf São Miguel die Casa do Monte (Santo António) und auf Terceira die Quinta do Mar-telo (bei Angra do Heroísmo). Einzelheiten sind bei den jeweiligen Ortsbeschreibungen genannt.

Regelrechte Reiterhöfe sind auf São Miguel die **Quinta da Terça** in Livramento bei Ponta Delgada (Rua Padre Domingos, Tel. 296 642 134, www.quintadaterca.com, €€) sowie auf Faial der deutschsprachige Hof **Pátio Horse & Lodge** bei Cedros (Quinta do Moinho, Rua da Igreja, Tel. 917 428 111, www.patio.pt). Neben abwechslungsreichen Ausritten unterschiedlicher Dauer (1–3 Std., halb- oder ganztägig) werden auch Angebote für Anfänger gemacht. In der Quinta da Terça erfolgt die Unterbringung in fünf komfortablen

Wandern auf São Miguel

Stand Up Paddling inmitten der imposanten Kulisse der Kraterseen auf São Miguel

Zimmern im Herrenhaus (16. Jh.), Pátio verfügt über eine eigene Lodge oder holt die Teilnehmer gegen Gebühr an ihrem Quartier ab.

RADFAHREN

Auf den Azoren gibt es viele verkehrsarme Nebenstraßen, asphaltierte Feldwege und Pisten. Für Mountainbiker sind die Inseln dadurch ein interessantes Terrain. Ausgewiesene Routen gibt es nicht. Die anstrengenden Steigungen werden mit tollen Ausblicken belohnt. Wer einen kompletten Fahrradurlaub plant, sollte das Rad von zu Hause mitbringen (Mitnahme im Flugzeug vorher bei der Fluggesellschaft/Reiseveranstalter anfragen). Innerhalb der Azoren ist der Transport nur per Fähre möglich. Ersatzteile sind schwer erhältlich, daher empfiehlt sich die Mitnahme des Nötigsten. Gelegenheitsfahrer können Mountainbikes auf den Azoren ab 10 € pro Tag mieten:

ANC Moto-Rent 📖 D12
• Av. Dr. João Bosco Mota Amaral (gegenüber Hotel Marina Atlântico) Ponta Delgada | São Miguel Tel. 967 309 909 | www.azoresholidays.pt

Base Peter Zee 📖 B8
Der Ableger von Peter Café Sport verleiht Mountainbikes und bietet geführte Touren an. › mehr S. 13 Punkt ❾
• Horta | Faial › S. 107.

Espaço Talassa 📖 E9
• Lajes do Pico | Pico › S. 43.

GOLF
Batalha Golf 📖 D12
27-Loch-Kurs auf São Miguel, 8 km nördlich von Ponta Delgada.
• Fenais da Luz | São Miguel Tel. 296 498 540 www.azoresgolfislands.com

Furnas Golf 📖 F12
18-Loch-Platz auf São Miguel.
• Bei Furnas | São Miguel | Tel. 296 584 651

Ilha Terceira Golf 🎽 05

In schöne Landschaft eingebettete 18-Loch-Anlage auf Terceira.

• Fajãs da Agualva | Tel. 295 902 444
  www.terceiragolf.com

SEEKAJAK, COASTEERING, CANYONING

AvenTour 🎽 G7

Im umfangreichen Angebot sind Canyoning, Coasteering, Cascading und Wasserwandern auf São Jorge.

• Rua Nova 91 | Calheta
  Tel. 295 416 424 | www.aventour.pt

Nautigraciosa 🎽 G2

Vermietung von Seekajaks auf Graciosa für ca. 20 € (halber Tag).

• Rua Corpo Santo 11
  Santa Cruz da Graciosa
  Tel. 295 732 811 | www.divingraciosa.com

WestCanyon 🎽 B13

Auf Flores gibt es viele steile, wasserreiche Schluchten, die sich hervorragend zum Canyoning eignen. Der Spezialanbieter führt Touren aller Schwierigkeitsgrade durch, auch für Anfänger ist etwas dabei.

• Rua do Areeiro 52 | Fazenda das Lajes
  Tel. 968 266 206 | www.westcanyon.pt

Auf Pico vermietet in Lajes do Pico **Espaço Talassa** › S. 43 Seekajaks. Auf São Miguel vermietet **Garoupa** Kajaks auf dem blauen See von Sete Cidades und bietet SUP sowie Touren im hawaiianischen Auslegerkanu an (www.garoupa.pt). › mehr S. 12 Punkt ❶

TAUCHEN

Taucher finden um die Azoren ein interessantes Revier mit unzähligen Tauchspots und werden vom Artenreichtum der Fische und anderen Meerestiere überrascht sein. Im Sommer (speziell August/September) ist die Chance groß, einem Manta zu begegnen. Tauchbasen:

Espírito Azul 🎽 F13

Professionell arbeitende Basis, auch Schnorcheln.

• Vila Franca do Campo | São Miguel
  Tel. 914 898 253
  www.espiritoazul.com

Wahoo Diving 🎽 G18

Gestartet wird per Schlauchboot im Hafen von Vila do Porto. Individuelle Tauchgänge unter deutschsprachiger Leitung.

• Estrada da Birmânia | Vila do Porto
  Santa Maria | Tel. 963 658 831
  www.wahoo-diving.com

Arraia Divers 🎽 N6

Internationales PADI-Tauchzentrum, englischsprachig

• Estrada Regional 1 (Hotel do Caracol)
  Angra do Heroísmo | Terceira
  Tel. 915 871 993
  www.arraiadivers.com

Pico Sport 🎽 C8

Die deutschsprachige Basis organisiert neben Whalewatching auch Tauchgänge zu mehr als 30 Spots. Die Ausrüstung kann geliehen werden.

• Madalena | Pico | Tel. 292 622 980
  www.pico-sport.com

Dem **Caloura Hotel Resort** › S. 72 in Caloura auf São Miguel und dem **Hotel Occidental** › S. 144 in Santa Cruz das Flores sind jeweils eigene Tauchbasen angeschlossen.

MEHR ALS NUR STRÄNDE

Schwarz ist der Sand der Praia do Almoxarife auf der Insel Faial, von Grün umgeben

Auf den Azoren gibt es nicht viele Sandstrände und Baden im Meer ist wegen der Brandung nicht überall ungefährlich. Allerdings haben die Azorianer mit Felspools eine Alternative geschaffen. Wem das Meerwasser zu kalt ist, wird sich auch gerne in wohlig-warmen Thermalbecken vergnügen.

STRÄNDE: KLEIN ABER FEIN

Den längsten Badestrand der Azoren besitzt **Praia da Vitória** (Terceira › S. 95). Durch Wellenbrecher ist er besonders sicher und auch für Kinder geeignet. Komfort bietet ein Strandbad mit Duschen und Umkleidekabinen.

Landschaftlich traumhaft gelegen, aber auch der Brandung stärker ausgesetzt ist die **Praia dos Mosteiros** an der Nordwestküste

von São Miguel. Gefahrloser badet man am Strand von **Ribeira Quente** › S. 76 im Süden der Insel. Warme Quellen, die unter dem Meeresspiegel sprudeln, sorgen dort für angenehme Wassertemperaturen. Normalerweise erreicht der Atlantik bei den Azoren selbst im August kaum mehr als 22 °C. Badesaison ist von Juni bis November, wenn die Wassertemperaturen über 18 °C liegen.

Baden im Atlantik bei ablaufendem Wasser ist nicht ungefährlich – auch geübte Schwimmer wurden schon abgetrieben. Örtliche Tageszeitungen veröffentlichen die Zeiten des höchsten *(maré alta)* und niedrigsten Wasserstandes *(maré baixa)*. FKK und oben ohne sind auf den Azoren offiziell nirgendwo erlaubt.

POOLS IM LAVAFELS

Die schönsten Lavapools befinden sich in **Biscoitos** (an Terceiras Nordküste › S. 96). Je nach Gezeitenstand schwimmt man im geschützten inneren Teil oder im offenen Meer. Gepflegtes Schwimmbad mit betonierten Liegeflächen, Umkleiden und Duschen

Der Lavapool von **Varadouro** (Faial › S. 117) ist nur im Sommer in Betrieb. Wenn er kein Wasser enthält, badet man direkt im Meer in einer geschützten Felsbucht.

Mit allen Einrichtungen versehen wurde die große Felsbadeanlage von **Madalena** › S. 123 im Nordwesten von Pico. Vielleicht noch schöner, weil naturbelassener, ist das Lavabad von **Santo António** in der Baia da Furna (westlich von Cais do Pico an der Nordküste gelegen).

RELAXEN IM THERMALBAD

Heiße Quellen und stilvolles Jahrhundertwende-Ambiente bieten Wellness auf romantische Art. Stets über 30 °C warm ist der Badeteich im Park von **Furnas** (São Miguel › S. 73), das größte Thermalbecken der Welt! Gästen des noblen Kurhotels **Terra Nostra Garden** › S. 73, 74 stehen Park und Thermalbad frei zur Verfügung, Besucher zahlen Eintritt. Im angeschlossenen Gartenhaus **Casa do Parque** nutzt ein deutscher Arzt für chinesische Medizin die Heilquellen für eine entspannte Kur.

Einheimische Ausflügler besuchen gern die kleinere Thermalbadeanlage **Poça da Dona Beija** › S. 74 am oberen Ortsrand von Fur-

nas, die aus mehreren Badebecken und einer Felsgrotte besteht.

Durch seine wildromantische Umgebung besticht auf São Miguel das Becken von **Caldeira Velha** › S. 80, das von einem warmen Wasserfall gespeist wird. Das Kurhaus im nostalgischen Badeort **Caldeiras da Ribeira Grande** › S. 80 bietet ein badewannenwarmes Becken und verschiedene Anwendungen.

Im Süden Graciosas besitzt **Carapacho** › S. 102 eine Thermalquelle und ein wunderschönes altes Kurhaus, das zu einer modernen Therme mit kleinem Innenpool und Erholungszonen umgebaut wurde, davor liegt ein natürlicher Meerespool.

- Thermalschwimmbecken Furnas █ G12
  www.parqueterranostra.com
  Mo-Sa 10–19 Uhr (Okt.–März nur bis 17.30 Uhr), Eintritt 6 € (inkl. Park)
- Poça da Dona Beija, Furnas G12
  www.pocadadonabeija.com
  tgl. 7–23 Uhr, Eintritt 4 €
- Caldeira Velha, Ribeira Grande █ E12
  Tgl. 9–21, Winter bis 17 Uhr, Eintritt 8 €, ohne Bad 3 €
- Termas das Caldeiras da Ribeira Grande █ E12
  Tgl. 10–22 Uhr, Eintritt 3 €
- Termas do Carapacho █ G2
  Di, Do 12–17.30, Mi, Fr 12–19, Sa/So 10–17 Uhr, Eintritt 3 €

WARNFLAGGEN

Auch die Lavapools sind nicht bei jeder Wetterlage zu benutzen! Flaggen zeigen die aktuelle Situation:
Grün = keine Gefahr
Gelb = Baden nur für geübte Schwimmer
Rot = Baden verboten

UNTERKUNFT

Lange Zeit ein Ziel für Individualisten, sind die Azoren jetzt durchaus eine Trenddestination. Die Unterkünfte sind schicker und komfortabler als zuvor. Designhotels entstanden ebenso wie romantische Landhotels in umgebauten Gutshäusern. Daneben gibt es aber nach wie vor einfachere Hotels und Ferienhäuser für den kleineren Geldbeutel.

Rund 11 000 Gästebetten gibt es auf den Azoren, davon über die Hälfte auf São Miguel. Für die Zukunft ist ein Ausbau auf max. 15 000 Betten geplant. Die Preisangaben in diesem Buch beziehen sich in der Regel auf die Hauptreisezeit im Sommer; zu anderen Zeiten kann man oft billiger wegkommen.

HOTELS

In Portugal werden **Hotels** mit einem bis fünf Sternen dekoriert. Auf den Azoren sind Häuser der Drei- und Vier-Sterne-Kategorie am häufigsten. Die meisten liegen in den jeweiligen Inselhauptstädten und werden sowohl von Touristen als auch von Geschäftsreisenden genutzt. Auf São Miguel und Terceira gibt es auch einige ausgesprochene Urlauberhotels. Komfort und Service entsprechen mitteleuropäischen Häusern der Mittelklasse. Die früheren Kategorien **Pension** *(pensão)* und **Residencial** (gehobene Pension), ebenfalls nach Sternen klassifiziert, gibt es nur noch inoffiziell. Diese Häuser firmieren jetzt meist als Hotels mit in der Regel einem Stern (einfacher eingerichtet) oder zwei Sternen (komfortabler). Das Frühstück ist in allen Hotels normalerweise inbegriffen.

TURISMO RURAL

Das Angebot an ländlichen Unterkünften ist beachtlich und wächst weiter. In der Kategorie **Landhotel** *(hotel rural)* werden drei bis fünf Sterne vergeben. Bei der Kategorie **TH** (Turismo de Habitação) handelt es sich um historische Landhäuser, die auch von der Besitzerfamilie bewohnt werden. In der Kategorie **TER** (Turismo no Espaço Rural) leben die Eigentümer meist nicht vor Ort. Auch hier handelt es sich jedoch in der Regel um Häuser in traditioneller Bauweise, die eine Verbindung zur Landwirtschaft haben. Dabei sind dies meist Ferienwoh-

Hotel Terra Nostra Garden in Furnas

nungen oder -häuser für Selbstversorger. Informationen und Buchung der ländlichen Unterkünfte über:

Casas Açorianas Associação de Turismo em Espaço Rural D12
- Rua do Mercado 21/RC | Ponta Delgada São Miguel | Tel. 912 704 039 www.casasacorianas.com

APARTMENTS UND FERIENHÄUSER

Speziell bei den Emigranten, die häufig die Sommerferien in ihrer Heimat verbringen, erfreuen sich **Apartments** einer gewissen Beliebtheit. Apartmentanlagen gibt es vor allem auf der Insel São Miguel, sehr verbreitet sind sie jedoch nicht. Die Wohneinheiten sind in den meisten Fällen für vier oder sechs Personen konzipiert und mit einer Kochnische ausgerüstet.

Eine in der Regel nettere Alternative stellen **Ferienwohnungen** und **Ferienhäuser** dar. Auf São Miguel sind sie oft bei Mosteiros, Ginetes und Bretanha anzutreffen. Sie sind offiziell als **AL** (Alojamento local) registriert.

Die Vermittlung von Ferienhäusern bzw. -wohnungen auf den Azoren ist z.B. möglich über www.fewo-direkt.de und www.traum-ferienwohnungen.de.

HOSTELS UND JUGENDHERBERGEN

Auf den Azoren gibt es bisher nur wenige **Hostels,** etwa in Ponta Delgada (São Miguel) The Nook Hostel D12 (Travessa do Pedro Homem 2, Tel. 967 578 059, www.thenookhostel.com) oder in Angra do Heroísmo (Terceira) das Purple Island Hostel N6 (Rua da Guarita 82, Tel. 295 628 135, zu buchen über www.booking.com). Geboten werden neben Schlafsälen auch Doppel- und Familienzimmer sowie Küchenbenutzung.

Die Azorenregierung betreibt fünf **Jugendherbergen** (www.pousadasjuvacores.com). Eine städtische gibt es in Lagoa (São Miguel, www.pousadajuventudelagoa.com).

👍

CHARMANT ÜBERNACHTEN

- Ein Botanischer Garten mit uralten Baumriesen umgibt den Gutshof **Solar do Conde** in Capelas auf der Insel São Miguel. > S. 71
- Inmitten idyllischer Landschaft steht bei Maia auf São Miguel der nostalgische Adelslandsitz **Solar de Lalém** aus dem 17. Jh. > S. 78
- Rund um die **Quinta de Santana** in Rabo de Peixe auf São Miguel wird Obstanbau betrieben, zum Golfplatz ist es nicht weit. > S. 80
- Die **Quinta do Martelo** auf Terceira ist ein betriebsfähiger Gutshof und Museum gleichermaßen. Man wohnt im Stil des 19. Jhs. > S. 92
- Liebevoll wurden drei alte Bauernhäuser in Cedros auf Faial zum sehr persönlich geführten Gästehaus **Casa do Capitão** zusammengefügt. > S. 114
- Im Designstil und zugleich die Tradition alter Weingüter bewahrend präsentiert sich die Anlage **Pocinhobay** in einer kleinen Strandbucht auf Pico. > S. 123

Heiliggeist-Festlichkeiten in Criação
Velha auf der Insel Pico

LAND & LEUTE

STECKBRIEF

- **Fläche:** Neun Inseln mit einer Gesamtfläche von 2333 km²
- **Größte Insel:** São Miguel mit 759 km², 138 000 Einw.
- **Hauptstadt:** Ponta Delgada (Stadt: ca. 18 000 Einw.; Gesamtgemeinde: 69 000 Einw.) auf São Miguel
- **Bevölkerung:** ca. 247 000; ca. 105 Einw./km²
- **Konfession:** vorwiegend römisch-katholisch
- **Erwerbstätige:** Landwirtschaft und Fischerei 12 %, Dienstleistungen 62 %, Handwerk und Industrie 26 %

- **Sprache:** Portugiesisch
- **Landesvorwahl:** 00 351
- **Währung:** Euro
- **Zeitzone:** MEZ minus 2 Std. (ganzjährig)

LAGE

Zwischen 1500 km und 1900 km von Lissabon entfernt, liegen die Azoren auf etwa 36 bis 40° nördlicher Breite und 24 bis 31° westlicher Länge mitten im Atlantik. Die **Ostgruppe** (*grupo oriental*) bilden São Miguel und Santa Maria, die **Zentralgruppe** (*grupo central*) besteht aus Terceira, Graciosa, Faial, Pico und São Jorge. Als **Westgruppe** (*grupo ocidental*) liegen Flores und das winzige Corvo am äußersten Rand Europas. Höchste Erhebung des Archipels ist der Pico (2351 m) auf der gleichnamigen Insel.

POLITIK UND VERWALTUNG

Die Azoren gehören seit ihrer Besiedelung im 15. Jh. zu Portugal. 1976, zwei Jahre nach der Nelkenrevoluti-on in Portugal, erhielt der Archipel eine Teilautonomie mit eigenem Parlament und Regionalregierung. Äußeres Zeichen dafür, dass jede der bedeutenderen, bevölkerungsreichen Inseln an der politischen Macht teilhaben möchte, sind die dezentral untergebrachten staatlichen Behörden. Ponta Delgada auf São Miguel ist Sitz des Präsidenten. Von sieben Ministerien sitzen zwei auf São Miguel, drei in Angra do Heroísmo auf Terceira und zwei in Horta auf Faial. Die 51 Parlamentarier treten fünfmal jährlich auf Faial zusammen.

DIE MENSCHEN

Die knappe Viertelmillion Azorianer, die sich auf den Archipel verteilt, fühlt sich erst in zweiter

Linie als Bürger des Mutterlandes Portugal. Der *continente,* also Festlandportugal, bildet eher einen Gegensatz zu den Inseln. Das Zusammenleben gestaltet sich übersichtlich; Familie und Freunde stehen im Mittelpunkt der Freizeitgestaltung. Viele Menschen haben die Azoren noch nie verlassen, und wenn, dann fliegen sie oft nicht nach Portugal, sondern nach Nordamerika zu ihren dorthin emigrierten Verwandten.

Knapp über eine Million Azorianer leben im Ausland. Auswanderer gingen im 17. Jh. nach Brasilien; später vor allem in die USA und nach Kanada, wohin durch Walfang und transatlantischen Schiffsverkehr enge Verbindungen geknüpft worden waren. Nordamerika wurde geradezu zum Bestandteil der Azoren. Wie sehr die Auslands-Azorianer mit dem Archipel verbunden sind, zeigt sich auf den vielen Festen, zu denen sie aus weit entfernten Ländern anreisen.

WIRTSCHAFT

Nach wie vor kämpfen die Azoren gegen die Auswirkungen der geografischen Randlage sowie gegen die überkommenen gesellschaftlichen Strukturen, auch wenn sich durch die stärkere Hinwendung nach Europa in jüngster Zeit einiges geändert hat. Hinzu kommt die allgemeine Finanz- und Wirtschaftskrise, die Portugal in jüngerer Zeit erfasst hat. Die in den 1990er- und 2000er-Jahren reichlich geflossenen EU-Fördermittel haben die Inselgruppe zwar vom Status des »Ar-

menhauses in Europa« befreit. Und zwischenzeitlich herrschte sogar Vollbeschäftigung. Krisenbedingt stieg die Arbeitslosigkeit rasant an, sank zuletzt aber wieder auf rund 9 % und liegt damit etwa im portugiesischen Durchschnitt.

Arbeiteten 1970 noch 50 % der Beschäftigten in Landwirtschaft und Fischerei, so sind es heute nur noch rund 12 %. Das Stück Land, das fast jede Familie besitzt, trägt aber häufig wieder zum Lebensunterhalt bei. Weit über die Selbstversorgung hinaus geht die Fleischproduktion auf den größeren Höfen. Rund 25 % der 250 000 Rinder werden jährlich als Schlachtvieh auf das Festland exportiert. São Miguel und Terceira liefern mit 60 % den Hauptanteil. Auch Molkereiprodukte, vor allem Käse, haben große Bedeutung. Auf mehreren Inseln werden Fischkonserven produziert.

Die größten Hoffnungen ruhen auf dem Tourismus mit zuletzt rasanten Steigerungsraten. Heute gibt es etwa 11 000 Gästebetten auf den Azoren, bei fast 1,8 Mio. Übernachtungen jährlich. Davon entfallen 750 000 auf Portugiesen vom Festland. Zweitstärkste Gruppe sind die Deutschen (15 %), die zu 80 % auf São Miguel übernachten. Dahinter folgen mit weitem Abstand Faial, Terceira und Pico (je ca. 5 %).

Extrem belastet wird die Handelsbilanz der Azoren durch den Import von Öl, Benzin und Kohle. Daher treibt man den Bau geothermischer Kraftwerke voran, deren Anteil an der Stromversorgung des Archipels bei ca. 25 % liegt.

GESCHICHTE IM ÜBERBLICK

1351 Auf einer genuesischen Seekarte ist erstmalig der Azoren-Archipel eingezeichnet.

1416–1460 Prinz Heinrich der Seefahrer treibt als Verwalter des Christusritterordens die portugiesischen Entdeckungsfahrten voran.

1432 Offizielle Entdeckung von Santa Maria und São Miguel durch Gonçalo Velho Cabral oder Diogo de Silves.

Um 1450 werden wahrscheinlich die Zentralinseln entdeckt, um 1452 Flores und Corvo.

1493 Kolumbus ankert auf dem Rückweg seiner ersten Atlantikfahrt vor Santa Maria.

1495–1521 König Manuel I. führt Portugal ins »Goldene Zeitalter«. Die Azoren werden Stützpunkt für weitere Entdeckungsfahrten.

1522 Ein schweres Erdbeben zerstört São Miguels erste Hauptstadt Vila Franca do Campo.

1580–1640 Spanische Fremdherrschaft in Portugal, nachdem das Land ohne Thronfolger war.

1581 schlägt Terceira spanische Truppen in die Flucht, wird jedoch 1583 als letzte der Inseln von Spanien erobert.

1640 Festlandportugal wird wieder unabhängig. Zwei Jahre später verlieren die Spanier ebenso die Azoren.

1766 Der Marquês de Pombal, der die Staatsgeschäfte in Lissabon führt, schafft die feudale Lehensherrschaft auf den Azoren ab und setzt eine für alle Inseln zuständige Regierung in Angra auf Terceira ein.

Ab 1804 Große Gewinne durch den Export von Orangen, Tabak, Ananas und Tee.

Ab 1826 Streit um die Thronfolge in Portugal zwischen Pedro IV. und Miguel I.

1828 König Miguel I. regiert in Lissabon absolutistisch. Anhänger von Pedro IV. bilden auf Terceira eine liberale Regierung. 1832 rekrutiert Pedro ein Söldnerheer, stürzt Miguel und dankt 1834 zugunsten seiner Tochter Maria II. ab.

Ab 1893 Faial wird internationaler Knotenpunkt der Transatlantikkabel.

1916 Eintritt Portugals in den Ersten Weltkrieg auf Seiten der Alliierten.

1932–1974 Diktatorisches Regime (Estado Novo) von António de Oliveira Salazar (bis 1969) und seinem Nachfolger Caetano.

1939–1945 Im Zweiten Weltkrieg bleibt Portugal neutral. Die Alliierten errichten ab 1943 Stützpunkte auf den Azoren.

1949 Portugal wird NATO-Mitglied.

1957/58 Vulkanausbruch auf Faial › S. 116.

1966 Die letzte Kabelgesellschaft in Horta schließt.

25. April 1974 Die Nelkenrevolution beendet in Portugal die Diktatur.

Nov. 1975 Portugal erhält eine parlamentarische Demokratie.

1976 Die Azoren erhalten die innenpolitische und administrative Autonomie.

1980 Durch ein Erdbeben wird Angra do Heroísmo völlig zerstört.

1983 Der Pottwalfang für industrielle Zwecke wird eingestellt.

1986 EG-Beitritt Portugals.

1998 Ein schweres Erdbeben erschüttert Faial.

2003 Auf Terceira Krisengipfel der Regierungschefs Bush, Blair und Aznar im Vorfeld des Irakkriegs.

2004 Die UNESCO stellt die typische Weinbaukultur von Pico als Welterbe unter besonderen Schutz.

Zuvor hatte bereits der historische Stadtteil von Angra do Heroísmo die gleiche Auszeichnung erhalten.

2007 Die Inseln Graciosa und Corvo werden von der UNESCO zu Biosphärenreservaten deklariert, 2009 auch die Insel Flores.

2011–2015 Die Haushaltskrise in Portugal bedeutet auch für die Azoren harte Einschnitte.

2016 Der neue, 40 km lange Fernwanderweg Grande Rota da Ilha da Graciosa wird eröffnet.

2019 Nachdem der Azorentourismus zwischen 2015 und 2017 boomte, stagnierte die Besucherzahl zuletzt auf hohem Niveau.

NATUR & UMWELT

Ihre Entstehung und Dynamik verdanken die Azoren dem Mittelatlantischen Rücken. Seit Millionen Jahren driften an der Nahtstelle, die den Atlantik von Nord nach Süd durchzieht, die amerikanische auf der einen, die eurasische und die afrikanische Platte auf der anderen Seite auseinander.

Ständig quillt hier flüssiges Gestein empor, das eine untermeerische Gebirgskette entstehen ließ. Nur deren höchste Gipfel ragen über den Meeresspiegel hinaus und bilden die sichtbaren Inseln. Besucher können die Zeugnisse des Vulkanismus beobachten: An manchen Stellen steigen Fumarolen, schwefelhaltige Dämpfe, aus dem Boden, Quellen führen heißes Wasser und kleine Schlammvulkane sprudeln. Jede der Inseln kann mit *caldeiras* (port.: Kessel) aufwarten, bis zu mehrere Kilometer breite Einsturzkrater über einst mit heißem Magma ge-

Caldeira das Sete Cidades auf São Miguel

WALE – LIVE UND HAUTNAH

Auf Whalewatching-Touren kommt man den Meeressäugern ganz nah

Insgesamt 25 Wal- und Delfinarten wurden in den Gewässern der Azoren gezählt. Der Walfang endete 1987; heute erfreut sich die Walbeobachtung rund um den Archipel großer Beliebtheit. Neben dem häufig anzutreffenden Pottwal kann man vor allem den Falschen Schwertwal, den Atlantischen Fleckendelfin und den Rundkopfdelfin (Delfin de Risso) sichten, aber auch Blau-, Finn- und Buckelwale.

DEN RIESENSÄUGERN AUF DER SPUR

Bei der Suche nach Walschulen verlassen sich die Whalewatching-Anbieter auf ehemalige Walfänger, die mit Ferngläsern auf der Lauer sitzen und per Funk Anzahl und Standort der gesichteten Tiere melden. Zu diesem Zweck wurden auf Pico, Faial und São Miguel die alten **Vigias** (Beobachtungstürme) reaktiviert. Veranstalter garantieren Erfolgsraten von nahezu 100 %.

Die Boote dürfen sich den Walen nur begrenzte Zeit und höchstens bis auf 50 m Entfernung nähern. Wissenschaftliche Studien ergaben, dass sich die Wale nicht nennenswert gestört fühlen, wenn auf diese Weise Abstand gehalten wird.

Auf Pico ist die Vigia an der Ponta da Queimada April–Oktober besetzt (ca. 1 km außerhalb von Lajes an der Straße nach Calheta, › S. 128).

TIPPS FÜR DIE BOOTSFAHRT

Regelmäßige Ausfahrten finden von April bis Oktober statt. Im Hochsommer empfiehlt sich die frühzeitige Buchung, während man in der Nebensaison nach Mitstreitern suchen muss, denn vier Teilnehmer sollten für eine Tour mindestens zusammenkommen. Eine Halbtagstour kostet ab 40 € pro Person.

Einige Anbieter setzen kleine Hartbodenschlauchboote mit leisem Motor ein, in denen man schon mal ein paar Wasserspritzer abbekommt. Im Hochsommer genügen Badekleidung und T-Shirt, in den Übergangszeiten schützen Anorak und Jogginghose vor zu starker Abkühlung. Seefestigkeit ist von Vorteil, denn je nach Wetterlage wird man ganz schön durchgeschaukelt (Tabletten gegen Seekrankheit besser schon zu Hause besorgen!).

Auf den Azoren werden immer noch Andenken aus Pottwalzähnen und -knochen angeboten. Die Einfuhr in EU-Länder ist nur mit dem CITES-Zertifikat (Herkunft aus Altbeständen) erlaubt, Tierschützer raten gänzlich davon ab! › mehr S. 17 Punkt **46** › S. 19 Kunsthandwerk aus alternativen Materialien (Holz, Stein, Rinderknochen, »pflanzliches Elfenbein« aus den Samen der Tagua- oder Steinnuss) führt der Laden von Espaço Talassa:

• Whale Boutique 📖 E9
  Caminho de Baixo 17
  Lajes do Pico | Pico

SCHWIMMEN MIT DELFINEN

Delfine sind manchmal auch im Meer so zutraulich, dass sie sich Booten nähern und Menschen mit ihnen schwimmen können. Wer dies tun möchte, sollte über eine gute Kondition verfügen. Der Einsatz von größerem Sporttauchgerät ist dabei verboten, aber wenn man mit Schnorchel und Brille ausgestattet ist, kann man unter Wasser Sichtkontakt bekommen. › mehr S. 19 Punkt **47**

Für Familien werden auf Pico im Sommer Delfincamps veranstaltet. Die Kinder haben dabei viel Spaß und erfahren gleichzeitig eine Menge über die sympathischen Meeressäuger.

BUCH-TIPPS

• Fabian Ritter: **Wale beobachten.** Outdoor-Handbuch. Conrad Stein, Kiel 2017.
• Isabelle Groc. **Wale und Delfine. Eine emotionale Reise in die Welt der sanften Riesen.** White Star, Wiesbaden 2011. Großartiger Bildband. Nur antiquarisch.
• Gérard Soury: **Wale und Delfine.** Delius Klasing, Bielefeld 2016. Ausführliches Bestimmungsbuch, stellt 40 Arten vor.

WHALEWATCHING-TOUREN

• **Espaço Talassa** 📖 E9
  Lajes do Pico | Pico
  Tel. 292 672 010
  www.espacotalassa.com
• **Base Peter Zee** 📖 B8
  Horta | Faial | Tel. 292 392 027
  www.petercafesport.com
• **Futurismo** 📖 D12
  Ponta Delgada | São Miguel
  Tel. 296 628 522
  www.futurismo.pt

BEOBACHTUNGSCAMPS

• **Espaço Talassa** 📖 E9
  Touren zu Lande und zu Wasser im Paket mit Übernachtungen.
  www.espacotalassa.com
• **Pico Sport** 📖 C8
  Wal- und Delfinsafaris, Blauwalcamps.
  www.pico-sport.com
• **Jugendwerk der AWO**
  Das Jugendwerk organisiert Delfincamps und Walbeobachtungswochen.
  www.awo-reisen.de

füllten, jetzt leeren Hohlräumen im Erdinneren. In den Kraterböden sammelt sich das Regenwasser und bildete stille *lagoas* (Seen).

DIE FLORA

Die abgeschiedene Lage der Azoren ist der Grund für die Existenz von allein 56 Pflanzenarten, die nirgendwo sonst auf der Welt anzutref-

HIGHLIGHTS DER BOTANIK

- Zum Museumsverbund **Núcleos Museológicos** in Ribeira Chã (São Miguel) gehört ein Botanischer Garten, der viele endemische Pflanzenarten der Inseln zeigt, sowie Kulturpflanzen, die in der Geschichte der Region eine Rolle spielten. ❯ S. 72
- Auf São Miguel steht das Gebiet um die **Caldeira Velha**, ein natürliches Badebecken mit Thermalwasser, als Naturdenkmal unter Schutz. ❯ S. 80
- Der **Jardim Botânico** auf Faial versammelt alle endemischen Pflanzen der Azoren. ❯ S. 113
- In Madalena auf Pico stehen ehrwürdige **Dragoeiros**, Drachenbäume, die früher einen begehrten Naturfarbstoff lieferten. An ihren natürlichen Standorten, steilen Felswänden, sind sie sehr selten geworden. ❯ S. 123
- Die strauchgroße, endemische **Styx-Wolfsmilch** muss man suchen, denn ihr Lebensraum, der Lorbeerwald, ist gefährdet. Im Hochland von Pico wächst sie an der Straße zur Lagoa do Caiado. ❯ S. 130

fen sind (sog. Endemiten). Die hohe Feuchtigkeit lässt erstaunliche 425 Moosarten gedeihen, und auch Farne sind reichlich vertreten.

Oberhalb von 400 m über dem Meer sind vor allem Terceira und Pico sowie Teile von São Miguel noch von einer dichten Decke aus niedrigen Lorbeerbäumen, Wacholdersträuchern, Azoren-Baumheide und Heidelbeerbäumen überzogen. Dieser natürliche Wald musste auf anderen Inseln Weideflächen weichen, die von Mauern oder Hortensienhecken eingefriedet sind, oder – speziell auf São Miguel – Forstkulturen aus Japanischer Sicheltanne.

In der tieferen Vegetationszone, bis auf Meereshöhe hinunter, gedeihen von Natur aus der Gagelbaum mit kurzen, quirlförmig um die Zweige angeordneten Blättern und die Azoren-Picconie. Letztere, ein strauchförmiger Baum, trägt im Herbst olivenähnliche, jedoch ungenießbare Früchte. Sie gilt auf einigen Azoreninseln als ausgerottet. Zum Verhängnis wurde ihr das wertvolle Holz (port. *pau branco* = Weißholz), aus dem Möbel gefertigt wurden. Größere Bestände stehen in den Küstenebenen von Pico.

Andernorts hat der aus Australien stammende Klebsame (orangefarbene Kugelfrüchte) die einheimischen Baumarten verdrängt. Einst wurde er als Windschutz für Orangenplantagen eingeführt. Auf Felsen in der salzigen Luft in Meeresnähe fühlen sich das endemische Schwingelgras *Festuca petraea*, der Meeres-Strichfarn und der früher als Mittel gegen Skorbut auf Segelschiffen mitgeführte Meerfenchel wohl.

EXOTISCHE IMPORTE

Viele der heute auf den Azoren heimischen Pflanzen kamen erst mit dem Menschen auf die Inseln. Eine reizvolle Pflanze, die im 19. Jh. aus dem Himalaya eingeführt wurde, ist heute überall verwildert und dadurch aus Sicht der Botaniker zur Plage geworden: die Girlandenblume (auch Zier-Ingwer oder Ingwer-Lilie). Ihre orangegelben Blüten stehen in hohen Rispen im September überall an Straßenrändern und auf Lichtungen. Auch andere Zierpflanzen aus aller Welt verwilderten oder wurden an Straßenrändern, an Aussichtspunkten und Picknickplätzen gepflanzt. So bestimmt die Blütenpracht von Hortensien, Azaleen, Hibiskus, Rosen und Kamelien das Landschaftbild der Azoren weit mehr als die unscheinbaren Farben der einheimischen Arten.

Ingwer-Lilie auf São Jorge

TIERE

Die Tierwelt auf den Inseln präsentiert sich eher bescheiden. Von Natur aus konnten nur flugfähige Tiere auf die Inseln gelangen, also Fledermäuse, Vögel und Insekten. Haustiere führte der Mensch ein. Ratten, Mäuse, Igel und Eidechsen kamen als blinde Passagiere per Schiff.

Interessant ist vor allem die Vogelwelt. Birdwatching wird z.B. auf Pico angeboten. Nach *açores,* Habichten, die den Azoren ihren Namen gaben, sucht man aber vergeblich. Die portugiesischen Entdecker

des 15. Jhs. hatten sie mit Bussarden verwechselt. Daneben sind etwa 30 Landvogelarten auf den Inseln verbreitet. Star, Rotkehlchen, Buchfink oder Mönchsgrasmücke unterscheiden sich von ihren kontinentalen Verwandten meist durch eine etwas andere Färbung. Ein unauffälliger grauer Vogel zählt zu den ornithologischen Raritäten: *Priolo* (Domherr) nennen die Einheimischen den Azorengimpel von der Größe eines Spatzes wegen seiner schwarzen Kopfkappe. Als Dompfaff kennt man sein mitteleuropäisches Pendant. Etwa 1500 Exemplare leben noch im Osten von São Miguel. Ob der Azorengimpel vor dem Aussterben bewahrt bleibt, hängt vom Erhalt seiner Nahrungspflanzen wie der endemischen Heidelbeere ab. Am Meer schwirren die Gelbschnabel-Sturmtaucher *(cagarra);* unverkennbar sind die charakteristischen Schreie. Rund 80 % des Weltbestandes dieser Vogelart bruten auf den Küstenfelsen der Azoren.

KUNST & KULTUR

Abgeschieden von den künstlerischen Entwicklungen auf dem Festland, waren die Azoren lange Zeit auf Kulturimporte angewiesen. Zeitgenössische Strömungen wurden nur zaghaft mit Verzögerung aufgenommen.

Der vermeintliche Nachteil der Isolierung erwies sich aber auch als Vorteil, denn der Archipel brachte besonders in der Musik eigenständige und einzigartige Stilformen hervor.

ARCHITEKTUR

Die Bauweise ordnete sich in der Vergangenheit stets dem Inselcharakter unter, auch wenn Stilelemente der Gotik, Renaissance oder des Barock Verwendung fanden. Letzterer übte mit seinem Formenreichtum und den üppigen Verzierungen den größten Einfluss aus. Oft herrscht allerdings ein bunter Stilmix vor.

Wegen möglicher Piratenüberfälle errichteten die ersten Siedler trutzige gotische Wehrkirchen mit gedrungenen Spitzbögen wie in São Sebastião (Terceira). Um das Jahr 1500 wurde eine Bauweise üblich, die Manuelinik oder manuelinischer Stil genannt wird. Sie spiegelt die Zeit der großen Entdeckungen unter dem portugiesischen König Manuel I. wider. Exotische Ornamente versinnbildlichen die Bedeutung der Seefahrt in ferne Länder. Sie umrahmen Portale an den Hauptkirchen von Ponta Delgada und Praia da Vitória (Terceira).

Angra do Heroísmo wurde mit rasterförmigen Straßenzügen im Renaissance- und Barockstil erbaut. Heute ist die Stadt UNESCO-Weltkulturerbe. Typisch für den recht eigenständigen Azorenbarock ist eine streng symmetrische Bauweise, bei der Fenster- und Türrahmen aus dunklem Basalt mit weißen Wänden kontrastieren. Vielen Kirchen gemeinsam ist die barocke *talha dourada*. Solche aus Holz geschnitzte und vergoldete Altarrückwände sind üppig verziert. Bemalte *Azulejos* (Fliesen) erzählen Geschichten aus dem Leben des jeweiligen Ortsheiligen. Auf den Zentralinseln bereichern die einzigartigen Heiliggeisttempel › S. 99 das ländliche Idyll um bunte Tupfer.

Im 19. Jh. kam mit dem wirtschaftlichen Erfolg die *Arquitectura da Laranja* (Orangen-Architektur). Bauherren von Bürgerhäusern und Landsitzen verschrieben sich einem offenen Stil mit großen Fenstern; Helligkeit sollte die Räume durchfluten. Damals entstanden die Quintas inmitten der Ananasplantagen in Ponta Delgadas Stadtteil Fajã de Baixo.

Unterdessen änderte sich die Bauweise in den Dörfern kaum. Die vielfach zweistöckigen weißen Häuser erhalten ihre heitere Note durch rote Dächer und weithin in Blau oder Grün leuchtende Farbleisten an Ecken und

Azulejos in der Dorfkirche von Praia do Norte auf der Insel Faial

Mauerumrandungen. Auf Terceira fallen die Zwillingsschornsteine auf, die *mãos postas* (gefaltete Hände). Häuser mit Natursteinmauern sind etwa auf Pico üblich.

BILDENDE KUNST

Zu den Meisterwerken religiöser Malerei auf den Azoren zählen die Anfang des 16. Jhs. entstandenen fünf Szenen des Passionszyklus in der Matriz de Santa Cruz da Graciosa. Sie stammen vermutlich von Cristóvão de Figueiredo, der Hofmaler im Dienst König Manuels I. war. Aus Flandern kamen im 15./16. Jh. zahlreiche flämische Skulpturen von hoher Qualität auf die Azoren. Sie sind in der Sé in Angra do Heroísmo, im Museu da Horta und im Núcleo de Arte Sacra do Museu Carlos Machado in der Igreja do Colégio von Ponta Delgada zu bewundern. Vorbild für viele Nachwuchskünstler wurde Duarte Machado Faria e Maia (1867–1922). Der naturalistische Maler verstand es, die Landschaft der Inseln mit einfühlsamen Porträts zu verknüpfen. In seiner Tradition malte Domingos Maria Xavier Rebelo (1891 bis 1971), der mit seinen Bildern zu volkstümlichen Themen auch auf dem portugiesischen Festland Beachtung fand. Sein Gemälde »Os Emigrantes« (»Die Auswanderer«; im Bestand des Museu Carlos Machado) zeigt die Gefühle der Menschen während der Verabschiedung und des Wartens auf die Abfahrt eines Schiffes.

MUSIK

Die Volksmusik entwickelte auf jeder Azoreninsel eine eigene Dynamik. Zahlreiche Folkloregruppen erhalten Melodien und Texte lebendig. Der *sa-*

macaio auf Terceira mündet vielfach in einen ironischen Sängerkrieg, begleitet von Gitarren, Trommeln und Triangeln. Die auf Pico gepflegte, mitreißende *chamarrita* ist dem Fandango, einem spanischen Volkstanz mit Kastagnetten- und Gitarrenbegleitung, ähnlich. Ein auf allen Inseln bekannter Tanz ist die *sapateia*. Zur Melodie im Dreivierteltakt berichten die Texte aus dem Alltag der Azorianer. »Reiherschritt«, »Basilienkraut« oder »Stecknadel« heißen diese Lieder.

KUNSTHANDWERK

Bekannt für das Töpferhandwerk ist São Miguel. Sowohl die Arbeiten aus Lagoa als auch diejenigen aus Ribeira Grande bestechen durch weiße Glasur mit blauen Ornamenten. Angra do Heroísmo (Terceira) ist berühmt für Stickereien, die aus nostalgischen Manufakturen kommen. In Santo Amaro (Pico) setzen Kunsthandwerker aus Fischschuppen oder hauchdünnen Scheiben von Hortensien- und Feigenbaummark filigrane Blüten und Blumengestecke zusammen. Wollene *colchas de ponto alto*, Wandteppiche und Tagesdecken, werden auf São Jorge noch vereinzelt auf Holzwebstühlen gefertigt.

An die blutige Zeit des Walfangs erinnern die Scrimshaws. In die elfenbeinähnlichen Zähne des Pottwals wurden haarfeine Rillen geritzt und mit Tinte eingerieben. So entstanden die Bilder getakelter Segelschiffe, schöner Frauen und wilden Meeresgetiers. Außergewöhnliche Beispiele sind im Scrimshaw Museum in Horta sowie im Museu dos Baleeiros in Lajes do Pico zu sehen. Die Beendigung des kommerziellen Walfangs 1983 auf den Azoren ließ den Rohstoff rar werden. 1987 wurden nochmals drei Pottwale erlegt, um die lukrative Souvenirproduktion aufrechtzuerhalten. 2004 sollen die Zähne eines gestrandeten und

LOKALES KUNSTHANDWERK

- Eine urige Keramikfabrik mit Möglichkeit zur Besichtigung ist die **Fábrica Cerâmica Vieira** in Lagoa auf São Miguel. › S. 71
- Stickerei von Terceira zu Erzeugerpreisen gibt es bei **Açorbordados** in Angra do Heroísmo. › S. 93
- Auf Faial präsentieren und verkaufen die örtlichen Kunsthandwerker ihre Erzeugnisse, etwa Gestecke aus Hortensienmark, im **Centro de Artesanato** in Capelo. › S. 115
- Häkelarbeiten und Stickereien aus São Mateus auf Pico sind nostalgische Mitbringsel, nett präsentiert bei **Picoartes**. › S. 127
- In Santo Amaro auf Pico widmen sich die Frauen des Ortes verschiedenen Formen des Kunsthandwerks in der **Escola Regional de Artesanato de Santo Amaro**. › S. 129
- In der **Casa de Artesanato Nunes** in Fajã dos Vimes auf São Jorge gibt es sie noch: traditionelle Webarbeiten aus Wolle. › S. 138

Eine Kunsthandwerkerin auf Pico fertigt Blumengestecke aus farbigen Fischschuppen

verendeten Pottwals verschwunden sein. Die Einfuhr von Produkten aus Walknochen- oder Zähnen in EU-Länder ist nur mit CITES-Zertifikat erlaubt, das für die Herkunft des Materials aus Altbeständen bürgt. Tierschützer raten generell davon ab, Souvenirs aus den Zähnen oder Knochen von Pottwalen zu kaufen. Alternativen sind z. B. die auf Pico und Faial angebotenen Holzmodelle von Booten der Walfänger. Mit dem Walfang verbundenes, aber unbedenkliches Kunsthandwerk gibt es außerdem aus Stein sowie aus bestimmten Palmenfrüchten (»pflanzliches Elfenbein«).

FESTE & VERANSTALTUNGEN

Jede Insel und jedes Dorf feiern eigene Schutzheilige, deren Feste meist in die Sommermonate verlegt werden.

Dazu kommen die zahlreichen **Festas do Espírito Santo** (Heiliggeistfeste) zwischen April und September, die jeweils in der Krönung eines Bauernkaisers *(imperador)* gipfeln. Die *sopa do Espírito Santo* (Heiliggeistsuppe) wird in riesigen Töpfen zubereitet und beim *Cortejo do Bodo,* dem »Umzug zur Armenspeisung«, zusammen mit zuvor in der Kirche gesegnetem Maisbrot verteilt. In Terceira schließen sich die Tage der *touradas à corda* an ⟩ S. 89. So kann man in der Hauptreisezeit praktisch jedes Wochenende ein Dorffest erleben. Aktuelle Termine unter www.roteirodesazores.com.

Blumenteppich für die Prozession der Nossa Senhora da Piedade in Ponta Garça

FESTKALENDER

1. Sonntag nach Ostern: Ein Blumenteppich überzieht die Straßen in Furnas (São Miguel) bei der **Festa do Senhor dos Enfermos,** gewidmet den Kranken und Hilfsbedürftigen.

Mitte April: In Velas (São Jorge) findet eine Woche lang die **Semana Cultural** statt, mit traditioneller und moderner Musik von den Azoren, Kunst- und Umweltausstellungen, Workshops, Kino.

Ende April: Beim alle zwei Jahre (in geraden Jahren) abgehaltenen **Triatlo Peter Café Sport** (www.petercafesport.com) surfen die Teilnehmer von Velas (São Jorge) nach Cais do Pico, mountainbiken durch das Bergland von Pico und überwinden die Meerenge nach Horta (Faial) per Seekajak.

Fünf Wochen nach Ostern: In Ponta Delgada (São Miguel) wird die **Festa do Senhor Santo Cristo dos Milagres** sechs Tage lang gefeiert. Die Einwohner von Vila Franca do Campo (São Miguel) ziehen in mittelalterlichen Gewändern in einer Prozession durch die Stadt.

24. Juni: Auf Terceira werden die **Sanjoaninas** (Johannisfest) jährlich wechselnd in

Angra oder in Praia da Vitória mit buntem Kulturprogramm und Trachtenumzügen begangen.

29. Juni: Umzüge mit geschmückten Pferden finden bei den **Cavalhadas de São Pedro** in Ribeira Seca und Ribeira Grande (São Miguel) statt.

Mitte Juli: In Calheta (São Jorge) unterhält das **Festival do Julho** mit viel Musik, Ausstellungen, Sportveranstaltungen und Kinderprogramm. Zum Abschluss gibt es ein Stiertreiben.

2. Wochenende im August: Horta (Faial) veranstaltet die **Semana do Mar**: Kunsthandwerk, Musik und Kulinarisches, Wasserspiele und eine Segelregatta zwischen Horta und Pico.

Zweite Augusthälfte: Am Strand von Praia Formosa (Santa Maria) tobt drei Tage lang das **Festival Maré de Agosto** (www.maredeagosto.com), ein Musikfestival mit internationaler Beteiligung.

Letzte Augustwoche: Eine Woche lang steht Lajes do Pico mit der **Semana dos Baleeiros** seit 1883 in der Tradition der Walfänger. Mit Bootsprozession, Umzügen,

Veranstaltungen und Feiern in den Festzelten, wo bei viel Musik reichlich gegessen und getrunken wird.

1. Sonntag im September: Die lebhafte **Romaria de Santo Cristo,** eine Wallfahrt nach Fajã do Santo Cristo (São Jorge), ist auf den Azoren einmalig, schon wegen des überwältigenden landschaftlichen Ambientes. Bunt geschmückte Bögen, viel Musik und ein Feuerwerk gehören dazu.

25. Dezember: Das Weihnachtsfest wird im Familienkreis gefeiert, das öffentliche Leben auf den Azoren steht an diesem Tag praktisch still.

ESSEN & TRINKEN

VORSPEISEN UND SUPPEN

Eine ländlich einfache Küche portugiesischer Tradition kennzeichnet die Azoren. Zum Auftakt des *almoço* (Mittagessen, 13–14 Uhr) oder *jantar* (Abendessen, ab 19 Uhr) gibt es häufig Käse, Brot und Butter. In einer *marisqueira* (Fischrestaurant) folgen oft hauchdünne Scheiben von geräuchertem Schwertfisch *(espardarte fumado)* als Vorspeise *(entrada).* Eine Spezialität der Inseln sind Napfschnecken *(lapas),* die u. a. gegrillt werden. Als köstliche maritime Suppen gibt es *creme de mariscos* (Meeresfrüchtecreme), *sopa de peixe* (Fischsuppe) und – dieser ähnlich, aber ein sättigender Eintopf – die *caldeirada de peixe.* Rustikaleren Suppen, die meist auf Kartoffeln basieren, geben die Einlagen ihren Pfiff und Namen: *agrião* (Brunnenkresse), *legumes* (Hülsenfrüchte) oder *hortaliça* (Gemüse). »Suppenkönigin« ist die nur zum Heiliggeistfest servierte *sopa do Espírito Santo,* für die Brot, Kohl und die Bratensoße der *alcatra* (s. u.), dazu Minze, Nelken, Lorbeer und Pfefferschoten in den Topf kommen.

💬 ATLANTISCHE VIELFALT

atum	Thunfisch	lavagante	Hummer
besugo	Meerbrasse	linguado	Seezunge
camarão	Krabbe	lula	Tintenfisch
cherne	Wrackbarsch	pargo	Sackbrasse
choco	kleiner Krake	peixe-espada	Degenfisch
congro	Meeraal	pescada	Seehecht
dourada	Goldbrasse	polvo	Krake
espardarte	Schwertfisch	rabilo	Roter Thunfisch
gamba	Garnele	sapateira	Taschenkrebs
goraz	Rotbrasse	sargo	Ringelbrasse
imperador	Kaiserbarsch	serra	Sägefisch
lagosta	Languste	tamboril	Seeteufel

FISCH ODER FLEISCH?

Das Hauptgericht *(prato principal)* besteht eigentlich immer aus Fisch oder Fleisch mit Beilagen (Kartoffeln oder Pommes Frites, gekochtes Gemüse oder gemischter Salat). Meist kommt frisch gefangener Fisch auf den Tisch, allen voran *abrótea* (Gabeldorsch), der in der Regel als Filet zubereitet wird, sowie verschiedene (teurere) Edelfische vom Grill. Thunfisch *(atum)* ist auch als Steak eine Delikatesse. Liegen Hummer, Languste, Seespinne oder Taschenkrebs auf dem Teller, steht im Restaurant im Idealfall ein hilfreicher Azorianer zur Seite. Einfacher lassen sich Krake und Tintenfisch essen, die auch in Wein geschmort *(guisado)* werden.

Bekanntestes Fleischgericht der Azoren ist die vor allem auf Terceira verbreitete *alcatra:* in einer Kasserole mit Knoblauch, Lorbeer, *malagueta* (Pfefferschoten) und Olivenöl geschmortes Rindfleisch. Bei der deftigen Spezialität *morcela com ananás* verbinden sich Blutwurst und frische Ananas zu einer aromatischen Einheit.

Vegetarier haben es auf den Azoren nach wie vor schwer und müssen sich oft mit einem Omelett (wird mit Beilagen serviert) begnügen. Gehobene Restaurants servieren vegetarische oder vegane Gerichte. Oft kann man auch eine vegetarische Pizza bestellen.

DESSERTS UND KUCHEN

Süßigkeiten, die fast nur aus Zucker, Butter, Eiern und Zimt bestehen, füllen die Dessertbuffets der Hotels und die Auslagen der Konditoreien. Auf Terceira soll es 200 verschiedene Süßspeisen geben. Die bekanntesten kleinen Kuchen sind die *queijadas* aus Graciosa und Vila Franca > S. 55.

TYPISCH GENIESSEN

- Das **Borda d'Água** in Lagoa auf São Miguel hat einen guten Ruf für seine schmackhafte und frische Meeresküche. > S. 71
- Den vulkangekochten *cozido,* einen deftigen Eintopf mit Fleisch und Gemüse, genießt man besonders authentisch bei **Tony's** in Furnas. > S. 75
- Das Restaurant **O Pescador** im Hafenort Rabo de Peixe auf São Miguel bringt stets fangfrischen Fisch auf den Tisch. > S. 80
- Feinste traditionelle Küche, etwa den Heiliggeist-Rindertopf *alcatra,* bietet das ländliche Restaurant **A Venda do Ti Manel da Quinta** auf Terceira. > S. 93
- Das Lokal mit Hafenblick ist schlicht, der Fisch aber fast unübertroffen frisch: **Beira Mar** in São Mateus da Calheta auf Terceira. > S. 99
- Das äußerlich unscheinbare, innen aber nett dekorierte Restaurant **Atlético** in Horta serviert beste Fischgerichte. > S. 112
- Nichts geht den Bewohnern von Madalena auf Pico über das etwas außerhalb gelegene Fischlokal **O Ancoradouro.** > S. 124

WEIN UND ANDERE GETRÄNKE

Auf Pico gefallen der rote *Basalto* und der weiße *Terras de Lava* durch ihre Leichtigkeit. Von Graciosa kommt hochwertiger Weißwein der Marke *Pedras Brancas*. Hier und da wird auf Pico und Terceira noch ein schwerer Süßwein aus der Verdelho-Traube gewonnen. Der fruchtige *Vinho de cheiro* sollte in Maßen genossen werden. Hochprozentiges wird auf Pico destilliert: *aguardente* (Klarer) und *bagaço* (Tresterschnaps); von Graciosa stammt der *aguardente velha* (»Alter Schnaps«). Bei Bier besteht die Wahl zwischen *Especial* (auf São Miguel gebraut) und den bekannten Marken *Sagres* und *Super Bock* vom portugiesischen Festland. Wer *cerveja* (Bier) bestellt, erhält meist ein Flaschenbier. Vom Fass heißt das kleine Bier (0,2 l) *fino*, das mittlere (0,3 l) *tulipa*, das große (0,4 l) *caneca*. Alkoholfreies Bier *(cerveja sem álcool)* ist sehr verbreitet. Sonst gibt es die übliche internationale Auswahl an Softdrinks sowie recht süße einheimische Limonaden. Oft ist auch *Zumo de laranja natural* (frisch gepresster Orangensaft) erhältlich.

Als Getränk zum Essen bestellen Azorianer außer Wein meist *água sem gas* (Wasser ohne Kohlensäure). *Água com gas* (mit Kohlensäure) wird eher zwischendurch getrunken.

Eine Wissenschaft für sich ist die Kaffeekunde. Am wichtigsten ist die *bica*, ein Espresso, der meist auf den Tisch kommt, wenn *café* bestellt wird. Er ist zum Abschluss des Mittag- und Abendessens üblich. Zum Frühstück oder irgendwann tagsüber trinken die Einheimischen gern *galão*, einen in einem hohen Glas mit viel Milch aufgefüllten Espresso.

DIE SCHÖNSTEN MÄRKTE

- Mit dem **Mercado da Graça** > S. 68 steht die bestbestückte Markthalle der Azoren in Ponta Delgada. Hier gibt es Ananas von São Miguel und eine Riesenauswahl an Inselkäse (Mo–Do 7–18, Fr 7–19, Sa 7–14 Uhr).

- Auf dem **Mercado das Caldeiras** G12 (Largo das Caldeiras, tgl. geöffnet) in Furnas werden das ortsübliche süße Brot *Bolo Lêvedo* und im Sommer auch vulkangegarte Maiskolben verkauft.

- In Angra do Heroísmo auf Terceira lockt der **Mercado Duque de Bragança** N6 (Rua do Rego, Mo–Fr 7–19, Sa 7–14 Uhr) mit Blumen, Kunsthandwerk, Obst und Gemüse aus der Region.

- Bio Azórica, die Kooperative der Öko-Landwirte von Terceira, vermarktet ihre Produkte im **Mercado Biológico** 05 in Praia da Vitória (Circular Interna, Do–Sa 8–17, So 10–17 Uhr).

- Die Händler des **Mercado Municipal da Horta** > S. 111 stehen auf der Praça da República, während ihre Markthalle nebenan renoviert wird, und vermarkten das frische Obst der Insel Pico (Mo–Fr 6.30–19, Sa bis 13 Uhr).

KLEINE INSELN – GROSSER GESCHMACK

Milchkühe auf Flores – Die salzige Seeluft verleiht dem Azoren-Käse das besondere Aroma

Käse aus Rohmilch erlebt in Portugal eine Renaissance. Insbesondere der Azoren-Käse › **S. 28** erfreut sich wachsender Beliebtheit. Seinen unvergleichlichen Charakter verdankt er der salzhaltigen, feuchten Luft und der speziellen Flora der Weiden mit ihren intensiv duftenden Minzekräutern.

SPEZIALITÄT VON SÃO JORGE

An dem blauen Aufdruck »Denominação de Origem Protegida« (DOP, geschützte Ursprungsbezeichnung) und dem goldenen, nummerierten Etikett ist der echte **Queijo São Jorge** zu erkennen. Ein Käselaib wiegt zwischen acht und zwölf Kilogramm. In einer ersten Reifephase, die etwa einen Monat dauert, lagert er in natürlichen Höhlen. Während dieser Zeit wird er täglich umgedreht. Danach reift er noch zwei Monate in klimatisierten Kammern.

Flämische Einwanderer sollen die Rezeptur für den Hartkäse mit den kleinen und unregelmäßigen Löchern bereits im 15. Jh. nach São Jorge gebracht haben. Schon bald wurde der Queijo São Jorge zum Exportartikel. Die Portugiesen verwenden die azorische Käsespezialität gerne gerieben, ähnlich wie Parmesan. Auch Fondues aus Queijo São Jorge verschaffen ein unvergessliches Geschmackserlebnis. Ansonsten genießt man ihn meist pur, als Vorspeise oder zum Dessert.

VON ANDEREN INSELN

Milder ist der **Queijo Ilha** bei einer Reifezeit von nur 45 Tagen. Er darf auch auf anderen Azoreninseln hergestellt werden und kommt meist von São Miguel oder Graciosa. Kenntlich ist er an den weiß-blaugrünen Etiketten.

Der **Queijo São João do Pico** wird handwerklich in kleinen Familienbetrieben hergestellt. In den Käsereien auf Pico kann man mit etwas Glück erleben, wie die Rohmilch nach der Zugabe von Lab und Salz ausflockt und der Käsebruch dann in Ringformen gepresst wird. Der mit etwa 16 cm Durchmesser recht handliche Rundkäse reift schließlich vier Wochen in der Klimakammer.

Höhepunkt einer Inselrundfahrt auf Pico ist ein Picknick im romantischen Park von Piedade. Dazu gehört natürlich der Queijo do Pico, den man auf dem Hinweg in einer Käserei besorgt.

- **Sociedade de Produção de Lacticínios** ▮ E9
  An der Durchgangsstraße gegenüber vom Rathaus | São João | Pico
  Tgl. geöffnet › S. 127

FRISCH SELBST GEMACHT

Viele Azorianer machen selbst **Queijinho fresco** (Frischkäse) aus Ziegenmilch. Milch wird durch ein Teesieb gefiltert und mit Lab (das es in jedem Supermarkt gibt) verrührt. Nach dem Gerinnen tropft der Käsebruch in einer Ringform ab und ist bald fertig zum Verzehr. Im Laden sucht man diese Spezialität allerdings vergeblich. Einfache Kneipen servieren sie manchmal, man sollte danach fragen.

Hausgemachter Frischkäse aus Rohmilch von der Kuh ist unverzichtbare Zutat für die **Queijadas,**

die winzigen Käsekuchen, die von kleinen Betrieben in Vila Franca do Campo (São Miguel) und Vila da Praia (Graciosa) gebacken werden. Außerdem kommen Mehl, Butter, Zucker und reichlich Eigelb in den Teig.

Zum Ziegenfrischkäse gehört Piri-Piri. Hauptbestandteil der höllisch scharfen Würzmischung sind klein gehackte Malagueta-Schoten, wie sie auf den Azoren noch in vielen Gärten geerntet werden. Darunter mischt man Olivenöl, Essig und Salz. Piri-Piri gibt es fertig zu kaufen – ein nettes Mitbringsel, um auch zu Hause einem Ziegenfrischkäse besonderen Pepp zu verleihen.

KÄSEREIBESICHTIGUNG

- **Uniqueijo** F6
  An der Hauptstraße | Beira | São Jorge
  www.lactacores.pt
  Mo–Fr 9–17.30, Sa 9–16 Uhr › S. 135
- **Cooperativa Agrícola de Lacticínios dos Lourais** G7
  Rua Silveira | Ribeira Seca | São Jorge
  Tel. 295 416 358 | www.lactacores.pt
- **Queijo Vaquinha** N6
  Canada do Pilar 5
  Cinco Ribeiras | Terceira
  Tgl. 10–22 Uhr
  › mehr S. 14 Punkt ⓭

HIER GIBT'S QUEIJADAS

- **Queijadas do Morgado** F13
  Rua do Penedo 20
  Vila Franca do Campo | São Miguel
  Mo–Fr 8–17 Uhr
- **Queijadas da Graciosa** ▮ G2
  Rochela | Canada Nova 36
  Praia (São Mateus) | Graciosa
  Mo–Fr 9–18 Uhr › S. 102

Kreatives Haus am Pátio da Alfândega in Angra do Heroísmo auf der Insel Terceira

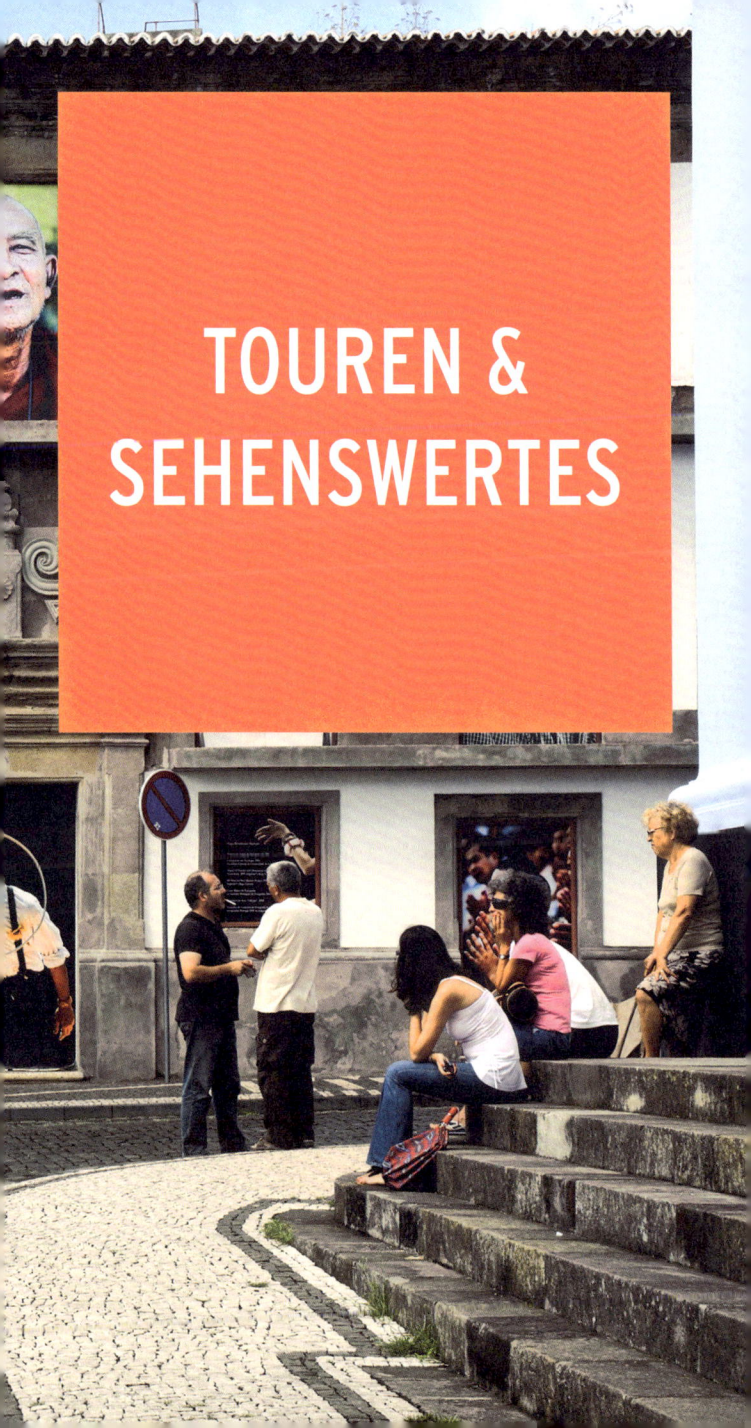

TOUREN & SEHENSWERTES

SÃO MIGUEL UND SANTA MARIA

Wallfahrtskirche Nossa
Senhora da Paz in Vila
Franca do Campo

São Miguel lädt zum Wandern, Golfen, Entspannen im Thermalbad oder Bummel durch die Gassen der Hauptstadt Ponta Delgada ein. Das kleine Santa Maria bietet vor allem Ruhe und landschaftliche Schönheit.

Die größte Insel der Azoren, **São Miguel,** ist für sich schon eine Reise wert. Ihre Vulkanlandschaft präsentiert sich vielseitig, mit Kraterseen, kochenden Quellen und Aussichtsgipfeln. Blühende Hecken säumen Straßen und Wege, überall laden prächtige Parks zum Entspannen ein. Wer den Wander- oder Besichtigungsurlaub mit Baden verbinden möchte, findet auf São Miguel sowohl die berühmten natürlichen Thermalschwimmbecken als auch eine Reihe kleiner bis mittelgroßer, lauschiger Sandstrände.

In der Hauptstadt **Ponta Delgada** befinden sich große Hotels wie auch kleinere Gästehäuser in historischen Gebäuden. Am Tag und am Abend laden die Gassen zum Bummeln ein. Ponta Delgada bietet eine gute Restaurant- und Kneipenauswahl und liegt für Abstecher in alle Inselteile sehr günstig. Den schöneren Strand besitzt **Mosteiros** im Inselwesten, wo es viele Ferienhäuser und familiär geführte Unterkünfte gibt. An der Südküste hat **Caloura** zwar keinen richtigen Strand zu bieten, dafür aber eine idyllische Landschaft und niveauvolle Unterkünfte.

Furnas, etwas abseits vom Meer, beeindruckt mit seiner üppigen Vegetation, einem herrlichen Park mit Thermalbad und der vulkanisch aktiven Umgebung. Es ist ein guter Standort für Golfer und Wanderer oder auch nur zum Relaxen. Landhotels in Gutshöfen, manche mit Reitgelegenheit, verteilen sich über den Osten und Norden der Insel.

Die kleinere Nachbarinsel **Santa Maria** liegt abseits der touristischen Routen. Wer ein paar Tage Ruhe in ursprünglicher Umgebung sucht, ist hier richtig. Große Sehenswürdigkeiten fehlen, aber es gibt Wandermöglichkeiten, bizarre Felsbadebecken und einen attraktiven Sandstrand in **Praia Formosa.** Dieser Ort eignet sich durchaus als Standort für einen Aufenthalt, allerdings wohnen die meisten Inselbesucher in der ruhigen Hauptstadt Vila do Porto.

Blick durchs Stadttor von Ponta Delgada auf die Igreja Matriz de São Sebastião

TOUREN IN DER REGION

SÃO MIGUEL UMFASSEND ERLEBT

ROUTE: Ponta Delgada › Sete Cidades › Mosteiros › Capelas › Lagoa › Caloura › Vila Franca do Campo › Furnas › Povoação › Ribeira Grande

KARTE: Seite 62
LÄNGE: 3 Tage; 240 km
VERKEHRSMITTEL/STOPP:
• Mietwagen ab Ponta Delgada.
• Übernachtung in Ponta Delgada und Furnas.

TOUR-START:
Blühende Hecken säumen die Straße, die von Ponta Delgada nach Westen zum Miradouro da Vista do Rei führt. Der herrliche Aussichtspunkt eröffnet wahrlich einen »Königsblick« auf die Kraterseen der Caldeira das Sete Cidades › S. 69.

Weitere Stationen im Inselwesten sind **Mosteiros** **3** › S. 70, Fischerort mit attraktivem Strand, und der alte Walfängerhafen **Capelas** **5** › S. 70, bevor es quer über die Insel zurück nach Ponta Delgada geht. Dort wird noch einmal übernachtet, dann startet die zweitägige Fahrt in den Osten von São Miguel.

In **Lagoa** **6** › S. 71 wird schöne Keramik fabriziert. An mediterrane Gefilde erinnert **Caloura** **7** › S. 71. Historisches Flair bietet die Traditionsstadt **Vila Franca do Campo** **9** › S. 73. Höhepunkt des Tages ist das idyllische Tal von **Furnas** **10** › S. 73, wo Sie übernachten können.

Der dritte Tag widmet sich dem Städtchen **Povoação** **11** › S. 76 und der ursprünglichen Nordostküste. Die kurvenreiche Strecke berührt einen Aussichtspunkt nach dem anderen. In **Gorreana** **14** › S. 78 lohnt ein Stopp an der Teeplantage. **Ribeira Grande** **15** › S. 78, die zweitgrößte Stadt São Miguels, besticht durch historische Bauten und Cafés rund um den Stadtpark. Zum Abschluss geht es zum Miradouro auf dem 949 m hohen Pico Barrosa.

DIE SCHÖNSTEN GÄRTEN AUF SÃO MIGUEL

ROUTE: Ponta Delgada › Pinhal da Paz › Furnas

KARTE: Seite 62 und 66
LÄNGE: 2 Tage: 1. Tag 16 km, 2. Tag 90 km
VERKEHRSMITTEL:
• Mit dem Mietwagen oder Taxi zum Pinhal da Paz.
• Nach Furnas (2. Tag) gelangt man auch mit dem Linienbus.

TOUR-START:

Der erste Vormittag widmet sich **Ponta Delgada** › S. 64, der Stadt der Grünanlagen. Den dschungelartigen Stadtpark **Jardim António Borges** Ⓖ › S. 65 hat man zu früher Stunde noch fast für sich. Dann geht es zum ehemaligen Privatpark der Großgrundbesitzerfamilie Do Canto (19. Jh.). Zu besichtigen sind sowohl der blütenreiche **Jardim do Palácio de Sant'Ana** › S. 67 als auch der private, romantische **Jardim José do Canto** › S. 66. Nachmittags ist der **Pinhal da Paz** › S. 69 das Ziel, ein waldartiger botanischer Garten nördlich von Ponta Delgada. Am zweiten Tag geht es nach **Furnas** › S. 73. Gewaltige Bäume aller Kontinente stehen im Parque Terra Nostra › S. 73 mit Grotten und Teichen.

> **VERKEHRSMITTEL:**
> 1. Tag: Anfahrt per Taxi (Rückfahrt vorbestellen) ; 2. Tag: Bus oder Mietwagen; 3. Tag: hin/zurück Linienbus.

TOUR-START:

Die aussichtsreiche Wanderung um den Ostrand der **Caldeira das Sete Cidades** › S. 69 beginnt östlich vom **Parque Lagoa do Canário**. Der Weg senkt sich zum Ort Sete Cidades ab (Einkehr), bevor Sie mit dem Taxi zurück nach Ponta Delgada fahren. Die zweite Tageswanderung führt als Rundweg von der Südküste bei Praia zum Bergsee **Lagoa do Fogo** › S. 80. Am dritten Tag laufen Sie vom Südufer der **Lagoa das Furnas** im Uhrzeigersinn bis zu den **Caldeiras da Lagoa das Furnas** › S. 75. Dann können Sie hinab nach **Furnas** › S. 73 wandern oder den **Pico do Ferro** ersteigen › S. 76.

TOUR 3

WANDERUNGEN AUF SÃO MIGUEL ZU DEN KRATERSEEN

> **ROUTE:** Parque Lagoa do Canário › Caldeira das Sete Cidades; Praia › Lagoa do Fogo › Praia; Lagoa das Furnas › Caldeiras da Lagoa das Furnas › Furnas
>
> **KARTE:** Seite 62
> **LÄNGE:** 3 Tagesausflüge ab Ponta Delgada; Fahrstrecke/Wanderdauer: 1. Tag: 63 km/ 3,5 Std.; 2. Tag: 50 km/4 Std.; 3. Tag: 86 km/2,5 Std.

TOUR 4

HIGHLIGHTS VON SANTA MARIA

> **ROUTE:** Vila do Porto › Praia Formosa › Pico Alto › Maia › São Lourenço › Santa Barbara › Anjos › São Pedro › Vila do Porto
>
> **KARTE:** Seite 81
> **LÄNGE:** 1 Tag; 60 km.
> **VERKEHRSMITTEL:** Mietwagen/Taxi.

TOUR-START:

Vila do Porto 1 › S. 81 ist Ausgangs- und Endpunkt dieser Tour. **Praia Formosa** 6 › S. 83, das erste Ziel, beeindruckt vom Miradouro da Macela, der die schöne Bucht überragt. Einen Kontrast dazu bildet der **Pico Alto** › S. 82, Santa Marias höchster Berg.

Eine Panoramastraße führt Sie anschließend erst zum Leuchtturm an der Südostspitze bei **Maia** 9 und weiter zur Weinbauernbucht von **São Lourenço** 7 › S. 83 an der Ostküste. Weiter auf dem Weg Richtung Nordwesten folgt das hübsche Dorf **Santa Bárbara** 5 › S. 82, bis man nach kurvenreicher Strecke in **Anjos** 2 › S. 82 an der Nordküste anlangt. Dort können Sie in der Bar dos Anjos Fisch und Meeresfrüchte speisen, bevor Sie nach einem Abstecher zur roten »Wüste« Barreiro da Faneca über **São Pedro** 3 › S. 82 zurückfahren.

Mit der Dreitagestour »São Miguel umfassend erlebt« › S. 60 lässt sich die Rundfahrt zu einer einwö-

TOUREN AUF SÃO MIGUEL

TOUR ❶

SÃO MIGUEL UMFASSEND ERLEBT

Ponta Delgada › Sete Cidades › Mosteiros › Capelas › Lagoa › Caloura › Vila Franca do Campo › Furnas › Povoação › Ribeira Grande

chigen Tour verbinden. An den zwei ausflugsfreien Tagen erfolgen Hin- bzw. Rückreise per Fähre oder Flugzeug zwischen den beiden Inseln.

VERKEHRSMITTEL

- **Flughafen:** In Ponta Delgada (PDL) auf São Miguel liegt er ca. 3 km westlich der Stadt (Taxistand; Fahrt in die Stadt ca. 7–9 €; Stadtbus 500 m entfernt am jenseitigen Ende der Landebahn (altes Terminal). Auf Santa Maria (SMA) befindet er sich 2 km nordwestlich von Vila do Porto (Taxistand; Fahrt in die Stadt 6–7 €;

Bus Mo–Fr nach Bedarf). SATA Air Açores fliegt 1–2 × tgl. zwischen den beiden Inseln hin und her. Ponta Delgada ist mit allen anderen Azoreninseln regelmäßig verbunden. Flughafeninfos: www.ana.pt

- **Autofähren:** Die Atlânticoline verbindet Mai–Sept. 2–3 × pro Woche Ponta Delgada (São Miguel) mit Vila do Porto (Santa Maria). In Ponta Delgada besteht Anschluss an die anderen Inseln.
- **Überlandbusse:** Auf São Miguel: **AVM**, Tel. 296 301 358, bedient den Inselwesten, **Varela**, Tel. 296 301 800, den Südosten, **CRP**, Tel. 296 304 260, den Nord-

osten und Osten. Fahrpläne: http://
horarios.visitazores.de. Alle wichtigen
Orte werden ca. 6–8 × tgl. angefahren,
Sa/So seltener. Auf Santa Maria verkehren 6 Linien von **TSM** (Tel. 296 882 115,
Fahrpläne: www.transportesdesantama
ria.com), entlegenere Orte sind nur 2 ×
tgl. angebunden. Am So kein Busverkehr,
im Winter eingeschränkt.

- **Stadtbus:** 4 Minibuslinien fahren in Ponta Delgada alle 15 Min. verschiedene
Rundkurse (0,50 €).

WICHTIGE ADRESSEN

Offizielle Infobüros:

Delegação de Turismo

- Av. Infante Dom Henrique
9500-150 Ponta Delgada | São Miguel

Tel. 296 308 610 | www.visitazores.com
Mo–Fr 9–19 Uhr

- Büro am Flughafen: Tel. 296 284 569

Posto de Turismo

- Aeroporto de Santa Maria
9580-419 Vila do Porto | Santa Maria
Tel. 296 886 355

Büros der Fluggesellschaft SATA:

Ponta Delgada

- Av. Infante Dom Henrique 55
São Miguel | Tel. 296 209 720
Mo–Fr 9–18 Uhr

Vila do Porto

- Rua Dr. Luis Bettencourt | Santa Maria
Tel. 296 820 701 | Mo–Fr 9–18 Uhr

UNTERWEGS AUF SÃO MIGUEL

PONTA DELGADA **1** 📘 D12

Seit dem Jahr 1546 ist Ponta Delgada (rund 18 000 Einw., Gesamtgemeinde 69 000 Einw.) die Hauptstadt von São Miguel. So gibt es
Repräsentativbauten aus fast fünf
Jahrhunderten zu bewundern.

Manuelinisch verspielt gibt sich
das Hauptportal der **Igreja Matriz
de São Sebastião** Ⓐ von 1531, die
dem Schutzpatron der Stadt nach
einer Pestepidemie geweiht wurde.
Der Bau wurde von König João III.
finanziell unterstützt. Dafür ließ er
sich gemeinsam mit seiner Frau Catarina auf zwei Marmormedaillons
über dem Südportal verewigen. Das
Kircheninnere ist mit kostbaren
Holzschnitzereien aus dem 17./

18. Jh. ausgestattet (Largo do Matriz, tagsüber geöffnet).

An der Praça do Município erhebt sich die **Câmara Municipal** Ⓑ
(Ende 16. Jh.), ein typisch azorisches Renaissancerathaus mit Au
ßentreppe. In der Barockzeit kam
der wuchtige Turm hinzu, der bestiegen werden kann und einen Panoramablick über die Stadt bietet
(Mo–Fr 9.30–17.30 Uhr, Eintritt
frei). Arkadenumsäumt präsentiert
sich gleich daneben der **Largo de
Gonçalo Velho Cabral** Ⓒ mit dem
Denkmal des vermutlichen Entdeckers der Azoren und einem Stadttor von 1793.

Ein *metrosídero*, ein Eisenholzbaum mit ausladenden Ästen, wirft
seinen Schatten über den Campo

Im Jardim António Borges beeindrucken die tropischen Baumriesen

São Francisco. An der Westseite des Platzes erhebt sich die 1709 als Franziskanerkirche erbaute **Igreja São José**  mit ihrer streng geometrischen Fassade. Innen bezaubern vergoldete Holzschnitzereien.

Den größeren Zulauf hat die mit Sakralschätzen sehr reich ausgestattete Kirche des Klosters **Nossa Senhora da Esperança**  nördlich des Platzes. Sie ist Ausgangspunkt für die große Prozession zu Ehren des Senhor Santo Cristo dos Milagres, die alljährlich fünf Wochen nach Ostern durch Ponta Delgada zieht.

Zum Meer hin präsentiert im wuchtigen **Forte de São Brás**  (16. Jh.) das **Museu Militar dos Açores** Militärgeschichte des 19./20. Jhs. (Av. Infante Dom Henrique, Di–Fr 10–17.30, Sa 14 bis 17.30 Uhr, Eintritt 3 €).

Der großzügige **Jardim António Borges**  wirkt wie ein Dschungel. Fächerförmig breiten sich die Wurzelgeflechte tropischer Bäume über den Rasen des Stadtparks aus (Rua António Borges, Mo–Fr 9–20, Sa, So, Fei 9–21 Uhr, Eintritt frei).

Im kleineren **Jardim Antero de Quental**  kommt die Kultur zum Zuge: Ant(h)ero de Quental war ein im 19. Jh. sehr bekannter Dichter aus Ponta Delgada; von ihm stammen auch die beiden in den Stein gemeißelten Sonette.

Nebenan ragt die Barockfassade der **Igreja do Colégio**  auf. Die Jesuiten hatten 1737 mit dem Bau einer neuen Kirche begonnen, die eine kleinere ersetzen sollte. Die Vertreibung des Ordens aus Portugal im Jahr 1760 verhinderte jedoch die Fertigstellung. So fehlen die Glockentürme. Jetzt beherbergt die Kirche mit dem angrenzenden Ordenshaus den **Núcleo de Arte Sacra do Museu Carlos Machado,** eine Sammlung sakraler Kunst (Largo do Colégio). › mehr S. 16 Punkt 25

Einige Schritte weiter befindet sich im ehemaligen Klarissenkloster der Hauptsitz des **Museu Carlos Machado** , der **Núcleo de Santo André**. Er beherbergt er zwei Ausstellungen, die sich mit der Naturgeschichte der Azoren und der Geschichte des Klosters Santo André befassen (Rua Guilherme Poças). Gegenüber im **Núcleo de Santa Bárbara**, einem früheren Mädchenpensionat aus dem 17. Jh., veranstaltet das Museum wechselnde Ausstellungen (Rua Dr. Carlos Machado). Jeweils April–Sept. Di bis So 10–18, Okt.–März 9.30–17.30 Uhr, Arte Sacra und Santa Bárbara 13–14 Uhr geschl., Eintritt jeweils 2 €, Kombiticket 5 €, http://museu carlosmachado.azores.gov.pt).

Fast am Stadtrand liegt ein zweigeteiltes, fast 6 ha großes Parkgelände, das ab 1845 angelegt wurde. Ein dichter Bestand von Bäumen aus aller Welt prägt den **Jardim Botânico José do Canto** (Rua José do

Canto 9, www.josedocanto.com, April–Sept. 9–19, sonst bis 17 Uhr, Eintritt 4 €). Hier steht der Palácio José do Canto aus dem 19. Jh., in dem ein Gästehaus untergebracht ist (Casa do Jardim) › S. 68.

Im **Jardim do Palácio de Sant' Ana,** einer gepflegten Gartenanlage nebenan, erhebt sich der gleichnamige Palast, Residenz des Präsidenten der Regionalregierung (Rua José Jácome Correira, April–Sept. Di–Fr 10–16 (17) Uhr, Okt.–März geschl.

oder nur Sa nachmittags, Zeiten verifizieren, da variabel, unter www.azores.gov.pt. Eintritt 2 €, Personalausweis mitbringen, max. 30 Pers.).

Gepflegte Strandzonen östlich der Stadt laden zum Baden ein: In **São Roque** gibt es westlich der Pfarrkirche einen kleinen Sandstrand und östlich davon die **Praias das Milicias.** Weiter außerhalb liegt die unverbaute **Praia do Pópulo** (mit Strandbar).

Ⓐ Igreja Matriz de São Sebastião
Ⓑ Câmara Municipal
Ⓒ Largo de Gonçalo Velho Cabral
Ⓓ Igreja São José
Ⓔ Nossa Senhora
　da Esperança
Ⓕ Forte de São Brás
Ⓖ Jardim António Borges
Ⓗ Jardim Antero
　de Quental
Ⓘ Igreja do Colégio
Ⓙ Museu Carlos Machado

HOTELS

Azoris Royal Garden €€€
Das erste Designhotel der Azoren. Großer Wellnessbereich.
• Rua de Lisboa | Ponta Delgada
　Tel. 296 307 300
　www.azoreshotelroyalgarden.com

Casa Vitoriana €€
Stadthaus im viktorianischen Stil. Eine Oase ist der tropische Obstgarten.
• Rua Dr. João Francisco de Sousa 34
　Ponta Delgada | Tel. 962 311 857
　www.casavitoriana.com

Camões €€
Das kleine Hotel vereint 4-Sterne-Komfort mit unschlagbar zentraler Lage in einem alten Stadthaus.
• Largo de Camões 38 | Ponta Delgada
　Tel. 296 209 580
　www.hotelcamoes.com

Aparthotel Barracuda €
Haus im traditionellen Stil direkt am Strand im Stadtteil São Roque, fast alle Zimmer mit Balkon und Meerblick.
• Praias das Milícias | Ponta Delgada
　Tel. 296 381 421
　www.hotelbarracuda.com

Casa do Jardim €

Gehobenes Gästehaus mit 14 Zimmern im Erdgeschoss eines Palastes › **S. 67.**

- Rua José do Canto 9 | Ponta Delgada
  Tel. 296 650 310 | www.josedocanto.com

RESTAURANTS

Boca de Cena €€€

Eines der begehrtesten Restaurants der Stadt, viele einheimische Gäste. Gehobene mediterrane Küche. Nur abends.

- Largo de São João 4 | Ponta Delgada
  Tel. 296 283 262 | So geschl.

O Roberto €€

Aufgetischt werden Spezialitäten wie Bife à Roberto (Steak) oder Bacalhau (Stockfisch); erfreulicher Service, Meerblick. Sa geschl. › **mehr S. 14 Punkt** 🄁

- Av. Infante D. Henrique 14
  Ponta Delgada | Tel. 296 283 769

Rotas da Ilha Verde €€

Einziges vegetarisches Restaurant auf São Miguel; am besten reservieren.

- Rua de Pedro Homem 49
  Ponta Delgada | Tel. 296 628 560
  Mo–Fr 12–15, 19–22, Sa 19–22 Uhr

Gastrónomo €

Hervorragende Fischküche in einem einfachen Haus im Traditionsviertel São Pedro.

- Rua da Boa Nova 49 | Ponta Delgada
  Tel. 296 381 095
  Mo nur abends, So geschl.

SHOPPING

Mercado da Graça

Die Händler verkaufen in der modernen Markthalle, was auf den Azoren geerntet wird, speziell frische Ananas und scharfe Piri-Piri-Schoten. Auch Fisch, Fleisch und Blumen sind im Angebot. **O Rei dos Queijos**

offeriert azorische Käsespezialitäten (vorne rechts, Käseladen auch So 9–12 Uhr).

- Rua do Mercado | Ponta Delgada
  Markt Mo–Do 7–18, Fr 7–19, Sa 7–14 Uhr

NIGHTLIFE

Colégio 27

Trendige Jazz-Lounge und Cocktailbar in einem 400 Jahre alten Salzlagerhaus. Live-Auftritte meist Fr/Sa ab 20 Uhr.

- Rua Carvalho Araújo 27
  Ponta Delgada | http://colegio27.com

Coliseu Micaelense

Im 1917 gegründeten Theater gibt es meist am Samstag Varieté mit Tanz- oder Akrobatikgruppen.

- Rua de Lisboa | Ponta Delgada
  Tel. 296 209 500
  www.coliseumicaelense.pt

AUSFLÜGE AB PONTA DELGADA

ANANASPLANTAGE 🄰 D12

Im Nordosten Ponta Delgadas, in Fajã de Cima und Fajã de Baixo, dehnen sich Ananasplantagen aus. Die tropischen Früchte werden in Treibhäusern gezogen, sind entsprechend teuer, schmecken jedoch auch besonders köstlich. In der **Plantação de Ananases Dr. Augusto Arruda** (ausgeschildert ab Kirche von Fajã de Baixo) gewinnt man einen Überblick über den Anbau. Der Laden verkauft Likör, Saft, Marmelade und Bonbons aus Ananas (Rua Dr. Augusto Arruda, www.ananasesarruda.com, April bis Sept. tgl. 9–20, sonst bis 18 Uhr, Eintritt frei). › **mehr S. 13 Punkt** 🄁

PINHAL DA PAZ ▌ D12

Das Naherholungsgebiet Pinhal da Paz bedeckt ein fast 50 ha großes, bewaldetes Areal in einer Vulkanhügellandschaft nördlich von Ponta Delgada (ab Kreisverkehr nördlich von Fajã de Cima ausgeschildert). Lauschige Fußwege durchziehen das Gelände, Wandertafeln weisen die Richtung. Auch für Mountainbiker sind die Routen attraktiv. Es gibt Picknickplätze und am höchsten Punkt des Parks einen Miradouro mit Traumblick über Ponta Delgada. › mehr S. 12 Punkt ❸

Der Großgrundbesitzer António do Canto Brum legte Anfang des 20. Jhs. durch die Pflanzung verschiedener exotischer Baumarten den Grundstock für den heutigen Park. 1988 erwarb die Azorenregierung das Gelände. Sie legte im Wald verschiedene Themengärten an: endemische Pflanzen, Farne, Palmen, Kamelien, Kakteen etc. (www.azores.gov.pt, Juni–Mitte Sept. Mo–Fr 8–19, Sa, So 10–20, Mitte Sept./Okt. und April/Mai bis 18, Nov.–März Mo–Fr 8–16 Uhr, Sa, So geschl., Eintritt frei).

SETE CIDADES ❷ ⭐❶ ▌ C11

Der **Miradouro da Vista do Rei** eröffnet aus 550 m Höhe wahrlich einen »Königsblick« über einen der schönsten Landstriche der Azoren: In der 12 km messenden **Caldeira das Sete Cidades** ruhen die blaue Lagoa Azul und die grüne Lagoa Verde am Fuß fast senkrechter Kraterwände. Auf der Fahrt in den Kes-

---

💬 SIEBEN STÄDTE IN FLAMMEN

Die Sage erzählt von einem König, der sehr traurig war, da er keine Kinder hatte. Obwohl er im Grunde ein guter Mensch war, regierte er sein Volk grausam. Eines Abends versprach ihm eine Lichtgestalt eine Tochter, doch sollte er sie vor ihrem 30. Geburtstag nicht sehen. So würde er Zeit haben, sich zu ändern. Die Prinzessin sollte in sieben stark befestigten Städten (Sete Cidades) aufwachsen. Sollte der König versuchen, sie vor Ablauf der 30 Jahre zu sehen, müsste er mit seinem Tod und dem Untergang seines Reiches rechnen. Der König versprach, die Bedingungen zu erfüllen. Wenig später kam die Prinzessin zur Welt. Die Jahre vergingen und der Vater sehnte sich immer mehr nach seiner Tochter. Als nur noch zwei Jahre fehlten, konnte er nicht mehr warten und machte sich auf den Weg. Je näher er den sieben Städten kam, desto mehr begann die Erde zu beben. Voller Wut stürmte der König die Festung. Die Erde erzitterte, der Boden brach auf, Flammen wurden herausgeschleudert und eine gewaltige Flutwelle riss die ganze Insel weg. Nur neun felsige Inselflecken, die Azoren, blieben übrig. Der Ort, an dem die Prinzessin gelebt hatte, verwandelte sich in die Caldeira das Sete Cidades. Das Wasser in einem Teil ist grün (Lagoa Verde), da dort ihre Pantoffeln liegen, der andere schimmert blau (Lagoa Azul), weil dort ihr Hut vom Grund herauf leuchtet.

sel hinab lässt sich der Blick vom **Miradouro do Cerado das Freiras** nochmals genießen. Dann schaut man links vom **Miradouro da Lagoa de Santiago** zum gleichnamigen Kratersee, von Wald umgeben.

Am Südostrand der Caldeira liegt der unter Naturschutz stehende **Parque da Lagoa do Canário** mit einem kleinen Kratersee im waldreicher Umgebung, ein Fußweg führt dort in 10–15 Min. zum spektakulären Miradouro da Boca do Inferno.

Unweit östlich der Zufahrt zum Park ist an der Straße der Wanderweg **PR 4 SMI** ausgeschildert. Sein erster Abschnitt bis zu einem Aquädukt ist asphaltiert, dann geht es auf einem Forstweg durch Kryptomerienwald, anschließend durch freies Gelände steil zum Pico da Cruz (845 m) hinauf und weiter entlang des Ostkamms der Caldeira. Von deren Nordrand steigt man steil abwärts und erreicht nach 3,5 Std. **Sete Cidades.** › mehr S. 16 Punkt **29**

Für den ruhigen Ort typisch sind die *espigueiros,* auf Pfählen stehende Getreidespeicher. Diese Bauweise verhinderte das Eindringen von Mäusen und bot früher Schutz vor Überschwemmungen. Schmuck erhebt sich die neugotische Pfarrkirche **São Nicolão** am Dorfrand. › mehr S. 12 Punkt **1**

RESTAURANT

Lagoa Azul €€
Beliebtes Ausflugsziel; Fr–So Mittagsbuffet mit lokalen Spezialitäten.
• Rua da Caridade 18 | Sete Cidades
  Tel. 296 915 678 | tgl. geöffnet

MOSTEIROS **3** ⭐ 📖 C11

Das Fischerdorf (1200 Einw.) an der Nordwestküste von São Miguel ist häufig der Brandung ausgesetzt. Den attraktiven schwarzen Strand schützt ein Ensemble von Felsen, die sich zu einem »Kloster« *(mosteiro)* mit »Mönchen« gruppieren.

In der Umgebung haben sich viele deutsche Aussteiger niedergelassen, und auch viele Einheimische errichteten hier Ferienhäuser. Viele werden privat vermietet › S. 35.

RESTAURANT

O Américo de Barbosa €
Eher wie eine Bar eingerichtet, aber es gibt beste Meeresfrüchte. Nur mittags.
• Rua das Pensões 13 | Mosteiros
  Tel. 296 915 353

SANTO ANTÓNIO 📖 D11 UND CAPELAS 📖 D11

Von Palmen umgeben ist **Santo António 4**. Beim Ort steht noch eine der wenigen erhaltenen Windmühlen von São Miguel. Vom gartenartig gestalteten **Miradouro do Santo António** am östlichen Ortsrand lässt sich die lange Bucht von Ribeira Grande überblicken.

In der Umgebung von **Capelas 5** zeugen viele *quintas* (Gutshöfe) von der Zeit des lukrativen Orangenanbaus. Das private **Oficina-Museu das Capelas** besteht aus 35 akribisch nachgestellten Werkstätten und Läden, die das Leben von früher dokumentieren (Rua do Loural 56, Mo–Sa 9–12, 13–17 Uhr,

Eintritt 2 €). Danach lohnt ein Abstecher zum wildromantischen alten Walfängerhafen.

HOTELS

Casa do Monte €€

Wunderschönes Gutshaus in klassischem Altrosa; seit drei Jahrhunderten in Familienbesitz. Mit Reiten, Radfahren und Spaziergängen verbringt man hier Ferien auf dem Bauernhof auf hohem Niveau. Fünf stilvolle Gästezimmer, Frühstück in der traditionellen Küche.

• Estrada Regional 2 | Santo António
  Tel. 296 298 144
  www.casasacorianas.com

Solar do Conde €€

Über das ausgedehnte Gelände eines früheren Gutshofs (17. Jh.) verteilen sich kleine Häuser mit Apartments für bis zu 4 Personen. Gutes Restaurant, Bar, Pool.

• Rua do Rosário 36 | Capelas
  Tel. 911 237 046
  www.hotelsolardoconde.com

LAGOA 6 📱 E12

Der Fischerort (9000 Einw.) ist auch ein Zentrum der Keramikindustrie. In den Gebäuden der **Fábrica Cerâmica Vieira** lassen sich die Töpferinnen bei ihrer Arbeit über die Schultern schauen. Neben Gebrauchsgeschirr wie Schüsseln und Tassen stellen sie kunstvoll bemalte und gestaltete Fliesen (Azulejos) her. Sie fertigen auch attraktive Schmuckstücke, etwa Kettenanhänger (Rua das Alminhas 12, Mo–Fr 9–18, Nov.–März 8–17, Sa 9 bis 12.45 Uhr, Fabrik nur Mo–Fr).
> mehr S. 17 Punkt ❸❷

> mehr S. 17 Punkt ❸❷

RESTAURANT

Borda d'Água €€€

Das wohl renommierteste Fischlokal von São Miguel besitzt eine schöne Terrasse am Hafen.

• Largo do Porto 52 | Lagoa
  Tel. 296 912 114 | Mo geschl.

CALOURA 7 ⭐ 📱 E13

Dank des milden Klimas und der fast schon mediterranen Atmosphäre ist die Villensiedlung Caloura ein beliebter Ferienstandort mit gehobenem Niveau. > mehr S. 15 Punkt ❷❸ Im Ortsteil **Baixa de Areia** (Wegweiser »Praia«) wartet am winzigen Fischerhafen ein traumhafter Meerespool, von hohen Klippen dominiert.

Den Hafen überragt die **Igreja Nossa Senhora da Conceição,** ein Kleinod des azorischen Barock (17. Jh.). Ein Nonnenkloster stand hier Mitte des 16. Jhs. Die Schwes-

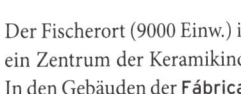

An der Küste von Caloura

tern bekamen vom Papst in Rom die Baugenehmigung und als Geschenk obendrein die heute auf São Miguel hoch verehrte Büste des Senhor Santo Cristo dos Milagres. Das Kloster wurde später wegen der Gefahr von Piratenüberfällen in die Hauptstadt Ponta Delgada verlegt.

HOTELS

Caloura Hotel Resort €€€
Freizeitorientierte, moderne Anlage mit Schwimmbad, Sauna, Reitgelegenheit und Tauchzentrum.
• Rua do Jubileu 27 | Caloura
  Tel. 296 960 900
  www.calourahotel.com

Aparthotel do Mirante €€
Über den Klippen schwebt die Anlage mit 29 Ferienwohnungen, die vom Balkon einen wunderbaren Meerblick bieten. Mit Pool und Liegeterrasse.
• Quinta do Mirante | Caloura
  Tel. 296 960 420
  www.aparthotelmirante.com

RESTAURANT

Bar Caloura €€
In der alten Hafenfestung beim Fischerhafen bietet dieses auf den ersten Blick einfache Lokal wunderbar frischen Fisch.
• Rua da Caloura 20 | Caloura
  Tel. 296 913 283

RIBEIRA CHÃ 🔖 E13

Der kleine Ort bewahrt bäuerliches Kulturgut, das in den **Núcleos Museológicos** präsentiert wird. Dazu gehören ein Museum für Kirchenkunst und Volkskunde und ein Landwirtschaftsmuseum. Letzteres dokumentiert den Anbau von *pastel* (Färberwaid), einer Pflanze die den Naturfarbstoff Indigoblau lieferte und bis Mitte des 17. Jhs. von den Azoren aus exportiert wurde. Zudem gibt es ein Weinmuseum, eine Krippensammlung, ein Haus mit Originaleinrichtung und einen Botanischen Garten (www.ribeiracha.com, Mo–Fr 9–12, 14–17, Juli bis Sept. auch Sa, So 14–17 Uhr, Besuch nur mit Führung, 2 €, mit Tee/Gebäck 3 €).

PRAIA 8 🔖 F13

In der weit geschwungenen Bucht von Praia erstreckt sich einer der schönsten, längsten und bis auf das Großhotel Pestana Bahía Praia unbebauten Sandstrände von San Miguel. Oberhalb von Praia befindet sich der Ausgangspunkt für eine anspruchsvolle Wanderung zu dem einsamen und tiefblauen Bergsee **Lagoa do Fogo** › S. 80 (mit Rückweg 4 Std.).

Dazu folgt man ab der Küstenstraße der Beschilderung »Percurso Pedestre« bis zu einer Wandertafel des PRC 2 SMI. 500 Höhenmeter geht es nun aufwärts auf Feldwegen und dann entlang einer Levada, eines wildromantischen Wasserkanals. Schließlich führt ein sumpfiges Hochtal zur Lagoa do Fogo hinauf. Am ruhigen Südufer des Bergsees lohnt sich eine ausgiebige Pause, wobei man allerdings zur Brutzeit im Frühjahr (April/Mai) mit verärgerten Möwen rechnen sollte. Der Rückweg entspricht dem Hinweg.

VILA FRANCA DO CAMPO 9 F13

Auf einem flachen Uferstreifen (*campo*) gegründet, war das Fischerstädtchen (5200 Einw.) die von Zöllen freie (*franca*) erste Hauptstadt der Insel. 1522 zerstörte ein Erdbeben die stolzen Bauten der Händler und Adligen. Sie wanderten nach Ponta Delgada ab, der Status der Hauptstadt ging verloren. Die Anfang des 17. Jhs. wieder aufgebaute **Igreja de São Miguel** überstrahlt heute das Zentrum mit seinen engen Gassen. Am Strand zeugen der Jachthafen und ein Hotel von der touristischen Entwicklung. Idyllisch liegt die winzige Vulkaninsel **Ilhéu de Vila Franca** im Meer. Der halboffene Krater ist ein idealer Pool. Juni bis Mitte Okt. fährt ein Ausflugsboot hinüber (stündl. 10–18 Uhr, mit Rückfahrt 6 €, im Sommer möglichst frühzeitig kommen)

HOTEL

Vinha d'Areia €€
Modernes Strandhotel am Jachthafen; ansprechende Architektur, alle Zimmer mit Balkon oder Terrasse.
• Rua Eng. M. A. Martins Mota
Vila Franca do Campo | Tel. 296 539 200
www.vinhadareia.com

RESTAURANT

Estrela do Mar €€
Regionale Küche mit Betonung auf Fisch, schöne Terrasse mit Meerblick über dem Hafen. Nur im Sommer.
• Rua do Baixio 8 | Vila Franca do Campo
Tel. 296 583 060

AUSFLUG ZUR IGREJA NOSSA SENHORA DA PAZ
⭐ F12/13

2 km außerhalb von Vila Franca do Campo thront die Wallfahrtskirche, die der Friedensmadonna geweiht ist, inmitten grüner Hügel. Eine symmetrische Treppe, einmalig in ihrer Art auf den Azoren, aber auf dem portugiesischen Festland hier und da ähnlich zu finden, führt hinauf, vorbei an Fliesenbildern mit Szenen aus dem Marienleben. Oben bietet sich ein herrlicher Ausblick über Meer und Stadt.

FURNAS 10 G12

Wer Ruhe sucht, gerne wandert und in warmem Thermalwasser badet, ist in Furnas (1500 Einw.) richtig. Am Nordrand des Ortes ziehen schwefelige Dunstschwaden durch die Luft. Dort brodeln die heißen Quelltöpfe der Caldeiras, Zeugen vulkanischer Aktivität. Brunnen mit heilkräftigem Wasser sprudeln in der Nähe. ▶ mehr S. 14 Punkt ⑰

Warme Quellen speisen im **Parque Terra Nostra** 2 G12 ein teichartiges Thermalbad. Gäste des angrenzenden Hotels Terra Nostra Garden ▶ S. 74 und Parkbesucher (Mo–Sa 10–19, Okt.–März nur bis 17.30 Uhr, für Besucher Eintritt 6 €) ziehen dort im wegen seines Eisengehalts braungelb gefärbten Wasser ihre Runden. Riesige Araukarien und Sicheltannen werfen Schatten über gewundene Kanäle, aus Grotten plätschern Wasserfalle in Teiche. Unter den Wedeln von Palmen haben sich Fledermäuse eingerichtet. In einer Gartenvilla im Park kombiniert Dirk Petersen fernöstliche Heilmethoden mit einer Thermalkur gegen Rückenprobleme und Alltagsstress (Informationen Mo–Fr 18–20 Uhr MEZ

ZEUGEN DES VULKANISMUS

- Kochend heiße Quelltöpfe, die **Caldeiras,** zeigen in Furnas auf São Miguel vulkanische Aktivität. Spannend zu beobachten. › S. 73
- Im Zentrum der Insel **Terceira** dringen aus den **Furnas do Enxofre** (»Schwefelgrotten«) heiße, beißend riechende Dämpfe. › S. 94
- Den **Algar do Carvão,** einen 100 m tiefen, dunklen Schlund auf Terceira, aus dem einst Lava floss, erschließt ein Treppensteig für Besucher. › S. 94
- Fumarolen, kochende Quellen und einen unterirdischen See gibt es auf **Graciosa** in der **Furna do Enxofre.** › S. 102
- Bei einer Eruption 1957/58 entstand der **Vulcão dos Capelinhos** auf Faial. › S. 116
- Abenteuerlich gestaltet sich die Besichtigung der **Gruta das Torres** auf Pico, des längsten und höchsten Lavatunnels auf portugiesischem Boden. › S. 123
- Portugals höchster Berg und einer der imposantesten im Atlantik ist der Vulkan **Pico,** der einer Insel den Namen gab. › S. 126

unter Tel. 914 708 500, www.slevoyre.de, › S. 33).

Eine weitere Thermalbadestelle in lauschiger Umgebung ist die **Poça da Dona Beija** am oberen, südlichen Ortsrand. Es handelt sich um mehrere Felsbecken, deren warmes Wasser unmittelbar aus dem Berg sprudelt. Sie sind traditionell bei Einheimischen sehr beliebt, ziehen aber jetzt mit ihren neuen, eleganten Liegedecks aus Kryptomerienholz auch immer mehr Touristen an (Lomba das Barracas s/n, tgl. 7–23 Uhr, Eintritt 4 €).

INFO
Posto de Turismo
- Rua F. Moniz Pereira 19 | Furnas
  Tel. 296 584 525 | www.visitazores.com

HOTELS
Furnas Boutique Hotel €€€
Im alten Kurhaus, das zeitgemäß renoviert wurde. Romantische Atmosphäre, schöner Spa-Bereich.
- Avenida Dr. Manuel de Arriaga
  Furnas | Tel. 296 249 200
  www.furnasboutiquehotel.com

Furnas Lake Villas €€€
Acht komfortable Bungalows für Selbstversorger (2 oder 4 Pers.) im Designerlook. Nicht weit vom Südrand des Sees von Furnas. Mit Pool, Snackbar.
- Lagoa das Furnas | Furnas
  Tel. 296 584 107
  www.furnaslakevillas.pt

Hotel Terra Nostra Garden €€€
Der alte Flügel von 1934 ist im Art-déco-Stil, im neuen Anbau weisen fast alle Zimmer zum Garten.

Grüne Wiesen bedecken den vulkanischen Untergrund im Tal von Furnas

• Rua Padre José Jacinto Botelho 5
Furnas | Tel. 296 549 090
www.bensaude.pt

RESTAURANTS

O Miroma €€
Spezialität ist *cozido nas caldeiras,* in vulkanischen Quelltöpfen gekochter Eintopf
• Rua Dr. F. Moniz Pereira 15 | Furnas
Tel. 296 584 422 | tgl.

Tony's €€
Fisch- und Fleischgerichte am zentralen Platz vor der Kirche, natürlich gibt es auch den typischen Cozido › unten.
• Largo do Teatro 5 | Furnas
Tel. 296 584 632
www.restaurantetonys.pt

AUSFLÜGE AB FURNAS

LAGOA DAS FURNAS ▮ G12
Idyllisch in den Kessel eines 6,5 km breiten Kraters eingebettet liegt dieser See. An seinem Nordrand (Weg-

weiser »Caldeiras«), zieht Schwefeldampf durch die Luft. In den **Caldeiras da Lagoa das Furnas** blubbert kochender Schlamm. Unweit davon lassen am Wochenende einheimische Familien ihren *cozido* (Eintopf) in heißen Erdlöchern kochen. Ein Wärter ist für das Versenken der Töpfe zuständig. Erst nach mehreren Stunden ist das Essen gar. Inzwischen kann man mit einem geliehenen Tretboot über den See gondeln oder sich an einer Imbissbude mit Getränken versorgen. Vom Baden wird wegen der Wasserqualität abgeraten (Eintritt 2 €).

Am Südufer spiegelt sich im Wasser die neugotische Silhouette der **Ermida de Nossa Senhora das Vitórias** (19. Jh.). Sie stellen eine verkleinerte Ausgabe der Kathedrale von Chartres dar. Die weit gereiste Großgrundbesitzerfamilie Do Canto engagierte einen Architekten aus Paris, um mit der Errich-

Der Leuchtturm von Nordeste

tung einer Kapelle ein Gelübde zu erfüllen. Wer per Linienbus oder Taxi anreist, kann hier aussteigen und Furnas wandernd erreichen (1,5–2 Std.). Dazu den See entlang des Ufers im Uhrzeigersinn zu etwa zwei Dritteln umrunden, bis zu den Caldeiras. Dort nicht zur Hauptstraße hinüber, sondern einen holprigen Fahrweg hinab zum Ort. Östlich der Lagoa das Furnas liegt die **Lagoa Seca** (trockene Lagune). Den besten Blick in diesen Krater und über das Tal von Furnas bietet der **Miradouro Pico do Milho**.

PICO DO FERRO 🏞 G12

Um zum »Eisenberg«, an dem jedoch kein Eisenerz vorkommt, zu gelangen, fährt man am 4 km nördlich von Furnas gelegenen Golfplatz vorbei. Kurz nach dessen Zufahrt biegt eine Straße zum Aussichtspunkt auf dem Pico do Ferro (544 m) ab. Wer den Gipfel lieber zu Fuß erreichen möchte, kann vom Parkplatz bei den Caldeiras dem ausgeschilderten Wanderweg **PR 22 SMI** folgen (1,7 km, ca. 30 Min.).

RIBEIRA QUENTE 🏞 G13

Im Küstenort Ribeira Quente, 9 km südlich von Furnas und über eine Stichstraße zu erreichen, wartet ein Strand mit vulkanisch erwärmtem Wasser. Die warmen Quellen sprudeln unter dem Meeresspiegel.

POVOAÇÃO 11 🏞 G12

Das Zentrum des Südostens der Insel (2500 Einw.) glänzt durch eine von restaurierten Stadthäusern gesäumte Fußgängerzone mit Cafés, Läden und Restaurants. Erste Siedler hatten sich im 15. Jh. hier niedergelassen. Ein Denkmal im Stadtgarten erinnert daran, dass sie zunächst einen Ziegenbock aussetzten. Als dieser nach einigen Tagen noch lebte, verlor die Schiffsbesatzung ihre Furcht und ging an Land.

Das erste Gotteshaus der Insel wurde 1630 durch ein Erdbeben zerstört. An seiner Stelle erhebt sich heute am westlichen Ende der Meerespromenade die **Igreja Nossa Senhora do Rosário** mit einem prächtigen Portal (17. Jh.).

Am Ostrand des Ortes erstreckt sich ein kiesiger Strand. Ins bewaldete Hinterland von Povoação bieten sich verschiedene **Wanderungen** an. Am schönsten ist der **PRC 9 SMI**, der bei Faial da Terra eine Runde zum Wasserfall Salto do Prego und zum verlassenen Dorf Sanguinho dreht (mittelschwer, 2 Std.).

Centro de Informação
Verkauf von Kunsthandwerk.
• Praça Velha | Povoação
　Tel. 296 559 070 | www.cm-povoacao.pt

HOTEL
Hotel do Mar €€
Komfortzimmer mit Balkon und Meerblick.
Beheizter Pool, Jacuzzi.
• Rua Gonçalo Velho 2 | Povoação
　Tel. 296 550 010 | www.hoteldomar.com

RESTAURANT
Jardim €€
Das einfache, aber gute Lokal serviert inseltypische Hausmannskost.
• Largo Dom João I 3/5 | Povoação
　Tel. 296 585 413

DECIMA ILHA UND NORDESTE 🅼 H12

Ein offizieller Ortsname ist »Decima Ilha« (»zehnte Insel«) nicht, sondern eine scherzhafte Bezeichnung für die recht abgelegene Ostspitze der Insel. Nördlich von **Água Retorta** 🔢 H12 stürzen die Berghänge Hunderte von Metern senkrecht in den Atlantik, ständig wechselt das Panorama bei der Fahrt entlang dieser wilden Küste.

Am **Miradouro Ponta da Madrugada** bietet sich ein 180-Grad-Blick wie aus dem Flugzeugcockpit. Eine Schlucht trennt ihn vom **Miradouro da Ponta do Sossego,** einer paradiesischen Anlage mit Park, Picknickplatz und grandiosem Tiefblick.

Nördlich von **Pedreira** führt eine Stichstraße nach 4 km zu einem Naturpark mit dem **Centro Ambiental do Priolo,** das über den Azorengimpel › **S. 45** informiert (Parque Florestal de Cancela de Cinzeiro-Pedreira, Tel. 918 536 123, http://centro priolo.spea.pt, Mai–Sept. Di–So 10 bis 18, sonst nur Sa, So, Fei 12–17 Uhr, Mitte Nov.–Mitte Feb. geschl., Eintritt frei). › **mehr S. 12 Punkt ❼** Weitere 4 km geht es zum **Pico Bartolomeu.** Bei klarer Sicht eröffnet sich vom Gipfel (887 m) ein großartiges Panorama.

Am südlichen Ortseingang von **Nordeste** 🔢 (1400 Einw.) blickt man vom **Miradouro da Vista dos Barcos** zum Leuchtturm an der Ponta do Arnel. Das hübsche Ortszentrum liegt an einer Schlucht, über die eine waghalsig errichtete Brücke aus dem 19. Jh. führt.

Stoffherstellung ist die Spezialität der Gegend. Mehr dazu erfährt man im **Museu de Nordeste** bei der Kirche (Rua D. Maria do Rosário 5, Sommer Mo–Fr 9–12, 13–17, Sa bis 16.30, sonst Di–Fr 8.30–12.30, 13.30–16.30, Sa 10–15.25 Uhr, falls geschl. im Tourismusbüro nachfragen, Eintritt frei).

Am nördlichen Ortsrand von Nordeste windet sich ein Sträßchen zur weitläufigen Badeanlage **Zona Balnear.** Ins Tal an der Straße nach Lombo da Fazenda lädt der subtropische **Jardim Botânico da Ribeira do Guilherme** ein.

INFO
Posto de Turismo
Infos über Wanderwege.
• Rua António Alves de Oliveira | Nordeste
　Tel. 296 480 066 | www.cmnordeste.pt

HOTEL

Quinta das Queimadas €
Einzeln gelegener Landsitz aus dem 19. Jh.
an der Straße zum Pico Bartolomeu, 4 km
von Nordeste. Bungalows und Zimmer.
• Nordeste | Tel. 296 488 578
  www.quintadasqueimadas.be

RESTAURANT

Tronqueira €
Regionale Küche, meist als Buffet; Garten
mit Meerblick.
• Estrada do Poceirão | Nordeste
  Tel. 296 488 292 | So nur mittags

AUSFLUG ZUM
PICO DA VARA 📱 H12

Von **Algarvia** führt eine Piste zum
Ausgangspunkt des Wanderwegs
PRC 7 SMI zum **Pico da Vara** – mit
1103 m höchster Gipfel von São
Miguel (hin/zurück 3 Std.). Nur
hier findet der *priolo,* der Azorengimpel › S. 45, noch ausreichend
Knospen und Samen, sodass er
auch brütet. Daher darf der Berg
nur mit Genehmigung bestiegen
werden (online zu beantragen unter
http://trails.visitazores.com).

ACHADA 📱 G11 UND
PORTO FORMOSO 📱 F11

Drei alte Getreidemühlen an der
Landstraße bei **Achada,** die mit
dem Wasser der **Ribeira dos Cal-
deirões** arbeiteten, wurden in einen
idyllischen Park mit Goldfischteich,
Kaskade, Baumfarnen und Café
einbezogen. Weiter westlich fällt

vom **Miradouro do Salto da Farin-
ha** der Blick auf einen weiteren
Wasserfall und auf die Steilküste.

Vom Wasserreichtum der Ge-
gend profitieren auch die beiden
letzten Teeplantagen Europas bei
Porto Formoso, deren ehrwürdige
Fabrikgebäude sich inmitten grüner
Teesträucher erheben.

Seit 1883 produziert **Chá Gorreana** 14 3 📱 F12 im Jahr 35–40 t
grünen und schwarzen Tee mit uralten Maschinen aus England – che-
miefrei. Gepflückt wird April bis
Sept. (Gorreana 304, https://gorre
ana.pt, März–Okt. 8–20 Uhr, Eintritt frei). › mehr S. 17 Punkt 35

Westlich davon wurde die kleinere Firma **Chá Porto Formoso** nach
langjähriger Pause wieder zum Leben erweckt. Ein Video informiert
über die Produktion, man wird
durch die Fabrik geführt und darf
Tee probieren (www.chaportofor
moso.com, Mo–Sa 9–18, Okt. bis
März bis 17 Uhr).

HOTEL

Solar de Lalém €€
Nostalgie und antikes Mobiliar im Adelssitz
von 1687, rundum idyllische Landschaft,
deutsche Leitung.
• Estrada de São Pedro | Maia
  Tel. 296 442 004 | www.solardelalem.com

RIBEIRA GRANDE 15 📱 E12

Die zweitgrößte Stadt São Miguels
(ca. 6400 Einw., Gesamtgemeinde
32 000 Einw.) besitzt viel Charme.
Der namengebende Fluss mit Was-
sermühlen wurde in den **Jardim
Público,** eine öffentliche Parkanlage

Die achtbogige, alte Steinbrücke in Ribeira Grande überspannt den gleichnamigen Fluss

im Zentrum, einbezogen. Rundherum gruppieren sich Rathaus, Theater und die barocke Heiliggeistkirche. In der alten Fischmarkthalle dokumentiert das **Museu da Emigração Açoriana** die Auswanderung nach Amerika (Rua da Estrela, Tel. 296 470 730, http://mea.cm-ribeiragrande.pt, Mo–Fr 8.30 bis 12.30, 13.30–16.30 Uhr, Eintritt 1 €).

Ribeira Seca, der westlich angrenzende Nachbarort, hat mit dem **Fontenário** eine Sehenswürdigkeit. Aus diesem Brunnen nahe der Kirche schöpften die frühen Siedler Wasser – bis zum Ausbruch des Vulkans Queimado 1563, dessen Lavastrom den Fontenário unter sich begrub.

INFO

Posto de Turismo
• Av. Luís de Camões (im Busbahnhof)
  Ribeira Grande | Tel. 296 474 332
  www.ribeiragrande.pt

HOTEL

Ribeira Grande €
Familiäres, kleines Hotel mit nur sieben Zimmern, recht einfach.
• Rua dos Condes 8 | Ribeira Grande
  Tel. 296 473 488
  www.residencialribeiragrande.com

RESTAURANT

Alabote €€
Spezialität des Restaurants in der Nähe des Schwimmbads ist unter den Fischgerichten der vorzügliche Schmortopf mit Wrackbarsch *(cataplana de cherne)*.
• Largo East Providence 68
  Ribeira Grande | Tel. 296 473 516
  www.alabote.net | Mi geschl.

SHOPPING

Fábrica de Licores A Mulher de Capote
Prämiert ist der Maracujalikör, den man bei einer Fabrikführung probieren und in dekorativen Flaschen erwerben kann.
• Rua do Berquó 12 | Ribeira Grande
  www.mulherdecapote.pt
  Mo–Fr 9–12, 13–18 Uhr

AUSFLÜGE AB RIBEIRA GRANDE

CALDEIRAS DA RIBEIRA GRANDE ◼ E12

Über **Ribeirinha** führt ein Abstecher in den nostalgischen Kurort **Caldeiras.** Das Thermalbadehaus von 1811 wurde renoviert und Anfang 2017 wiedereröffnet › S. 33. Nebenan können Sie einen Blick ins kochend heiße, dampfend-schwefelige Vulkanwasser werfen, das in einem Steinbecken aufgefangen wird.

RESTAURANT
Caldeiras €

Spezialität des Restaurants ist der in Erdwärme gegarte Cozido (So auf dem Buffet, sonst auf Vorbestellung).
• Beim Kurhaus | Caldeiras
  Tel. 296 474 307 | Mo geschl.

PICO BARROSA ◼ E12

Von Ribeira Grande führt eine gute Straße nach Süden zum Aussichtsberg Pico Barrosa (947 m). Man passiert ein geothermisches Kraftwerk, aus dessen Rohren Dampf zischt. Ein Abstecher (5 km ab Ribeira Grande) führt zur **Caldeira Velha.** Heißes Wasser füllt mitten im Wald ein gemauertes Badebecken › S. 33. Die als *Monumento Natural Regional* geschützte Anlage wirkt wie ein Park mit gefassten Fumarolen, Picknickplatz und natürlicher Flora. Mit Infozentrum, Café, Duschen/WC (Sommer 9–21, sonst bis 17 Uhr, Eintritt 3 €, mit Bad 8 €).

1563 entstand der Vulkankrater, den heute die tintenblaue **Lagoa do Fogo** ausfüllt, zu sehen vom Parkplatz am Kraterrand. Einen herrlichen Ausblick auf Meer und Kratersee kann man vom Gipfel des Pico Barrosa bei guter Sicht genießen.

RABO DE PEIXE 16 ◼ E12

Mit 7500 Einwohnern ist Rabo de Peixe (»Fischschwanz«) einer der größeren Orte auf São Miguel, wirkt aber kaum städtisch. Vielmehr handelt es sich um ein Fischerdorf, das zwar den größten Fischereihafen der Azoren und eine Thunfischfabrik besitzt, wo aber der Wohlstand in inselweitem Vergleich eher gering ist. Umso erstaunlicher, dass sich rings um Rabo de Peixe ein Gürtel von Villenvierteln erstreckt, angefangen bei Santana im Osten bis hin nach Pico da Pedra bei Fenais da Luz. Herrschaftliche Anwesen verstecken sich in weitläufigen Parkanlagen, und bei **Pico da Pedra** liegt einer der beiden Golfplätze von São Miguel › S. 30.

HOTEL
Quinta de Santana € €

Stilvolles Landhaus: mit großem Obstgarten, Restaurant, Pool. Man wohnt in großzügigen Apartments.
• Canada da Meca 4 | Rabo de Peixe
  Tel. 296 491 241 | www.qsantana.com

RESTAURANT
O Pescador €

In maritimem Dekor wird nahe der Thunfischfabrik frischer Fisch serviert.
• Rua do Biscoito 1 | Rabo de Peixe
  Tel. 916 936 185
  Mo nur mittags, So geschl.

UNTERWEGS AUF SANTA MARIA

VILA DO PORTO ▮1 ▯ G18

Der Hauptort Santa Marias (3100 Einw.) liegt auf einem schmalen, vom Hafen landeinwärts ansteigenden Bergrücken. Abends werden die mit Muschel-, Delfin- und Karavellenornamenten gepflasterten Gehsteige der Hauptstraße, an der sich Kirchen, Läden und Restaurants reihen, zur Flaniermeile. Über dem Hafen wacht seit dem 17. Jh. die Festung **Forte São Brás.**

Auf das 15./16. Jh. geht die Stadtkirche **Nossa Senhora da Assunção** im unteren Teil der Stadt zurück, die an ihren Portalen Dekor im gotischen und manuelinischen Stil zeigt. Weiter oben im Stadtzentrum beherbergt heute der **Convento de São Francisco,** das einstige Franziskanerkloster mit Torturm und Kreuzgang, das Rathaus. Vergoldete Schnitzereien und Fliesen (17. Jh.) machen die angrenzende Franziskanerkirche **Igreja de Nossa Senhora da Vitória** sehenswert.

HOTELS

Charming Blue €€€
Zentral gelegenes Boutiquehotel, mit viel Charme eingerichtet. Sonnendeck mit Pool, Bar und Restaurant sind vorhanden.
• Rua Teófilo Braga 31 | Vila do Porto Tel. 296 882 083
www.charmingblue.com

TOUR AUF SANTA MARIA

TOUR ❹

HIGHLIGHTS VON SANTA MARIA

Vila do Porto › Praia Formosa › Pico Alto › Maia › São Lourenço › Santa Barbara › Anjos › São Pedro › Vila do Porto

Hotel Colombo €€

Das moderne Hotel oberhalb des Ortes ist mit vier Sternen dekoriert und bietet recht komfortable Zimmer.

• Rua Cruz Teixeira | Vila do Porto
  Tel. 296 820 200
  www.colombo-hotel.com

Hotel Santa Maria €€

In Flughafennähe, aber mit Pool, Tennisplatz und Restaurant.

• Rua da Horta | Vila do Porto
  Tel. 296 820 660
  www.hotel-praiadelobos.pt

RESTAURANTS

Pipas Churrasqueira €€

Grillrestaurant mit angenehmer Atmosphäre, der Fisch kommt in der Regel frisch aus dem Hafen.

• Rua da Olivença 11 | Vila do Porto
  Tel. 296 882 000 | So geschl.

Central Pub €

Zentraler Treff mit Biergartenflair; auf der Karte stehen internationale Gerichte.

• Rua Dr. Luís Bettencourt 20
  Vila do Porto | Tel. 296 882 513
  ab 17 Uhr, Di geschl.

Os Marienses €

Gepflegtes Lokal; Spezialität ist *cataplana* mit Meeresfrüchten.

• Rua do Cotovelo | Vila do Porto
  Tel. 296 882 478

NORDEN SANTA MARIAS

An der Küstenebene von **Anjos** **2** G17, 8 km nördlich von Vila do Porto, ging Kolumbus an Land, woran ein Bronzedenkmal erinnert. Gegenüber stehen ein Torbogen und Mauerwerk der **Ermida N. S. dos Anjos** aus der Zeit des Entdeckers. Daneben wurde 1883 ein Nachbau errichtet. Am Hafen von Anjos lädt eine hübsche Badeanlage zum Verweilen ein.

Über eine Ringstraße lässt sich der zentrale Inselrücken in einem halben Tag umrunden. › mehr S. 15 Punkt **21** In **São Pedro** **3** G17 wartet die gleichnamige schmucke Kirche aus dem 18. Jh. mit fein gemalten Azulejo-Bildern auf. Sie stellen die 14 Kreuzwegstationen dar. Im Norden der Insel thront auf einem Hügel die Wallfahrtskirche **Ermida Nossa Senhora de Fátima** **4** H17. 15 mal elf Stufen – für jede Perle des Rosenkranzes eine – sind zu überwinden, um durch ihre Fenster zu schauen oder die herrliche Aussicht genießen zu können.

Mitten im Hochland leuchten die weißen Häuser von **Santa Bárbara** **5** H17. Einheitlich blaue Fenster- und Türstöcke geben dem Ort eine heitere Note, die durch die pfiffigen runden Kamine auf den Dächern noch unterstrichen wird. Auch die Kirche aus dem 16. Jh. gibt sich mit rosafarbenen und hellblauen Seitenaltären farbenfroh.

Auf der Rückfahrt nach Vila do Porto lohnt ein Abstecher zum höchsten Berg der Insel, dem **Pico Alto** (587 m). Vom Cruz dos Picos, der Straßengabelung südlich des Gipfels, führt eine schmale, 2 km lange Stichstraße hinauf. Die letzten Meter müssen zu Fuß zurückgelegt werden (ausgeschildert). Oben eröffnet sich ein großartiger Panoramablick über die gesamte Insel.

RESTAURANT

Bar dos Anjos €

Das Lokal an der Badeanlage füllt sich an warmen Sommertagen. Hier bestellt man gerne Fisch und Meeresfrüchte!

• Anjos | Tel. 296 886 734

PRAIA
FORMOSA 6 ⭐ 📕 H18

Kurz vor dem Ort, von Vila do Porto kommend, zeigt der Miradouro da Macela, was ein richtiger Aussichtspunkt ist. Tief unten zwischen sattem Grün liegen wie hingeworfen ein paar Häuser. Terrassen klettern die Hänge hinauf. Im Winter kann der Atlantik schon einmal gegen die Promenade donnern. Doch im Sommer, bei ruhigerer See, bildet sich ein breiter, attraktiver Strand mit feinkörnigem Sand.

RESTAURANT

Paquete €

Szeniges Strandrestaurant mit luftiger Terrasse, die Architektur erinnert an ein Schiff. Internationale Gerichte.

• Praia Formosa | Tel. 296 884 142

OSTEN SANTA MARIAS

In einer schön geschwungenen Bucht an der Ostküste liegt **São Lourenço** 7 📕 H17. Wie in einem Amphitheater ziehen sich Weinterrassen zwischen den wenigen Häusern hinunter bis an die Küste. An der Uferzone gibt es Sandflecken und natürliche Felspools. Oberhalb, an der Straße nach Santo Espírito, bietet der **Miradouro do Espigão**

einen herrlichen Überblick über die Bucht.

In **Santo Espírito** 8 📕 H18, einem inseltypischen Dorf mit Windmühlen, informiert das **Museu de Santa Maria** über den Abbau von Ton, die Heiliggeistfeste › S. 49 und die Verarbeitung von Leinen und Flachs (Rua do Museu s/n, April bis Sept. Di–So 10–18, Okt.–März Di–So 9.30–17.30 Uhr, Eintritt 1 €; soll nach Vila do Porto umziehen).

Auf der Weiterfahrt zur Südostspitze von Santa Maria ist jeder Meter der Straße ein Aussichtspunkt. Aus 250 m Höhe gewinnt der malerische Ort **Maia** 9 📕 H18 mit Weinbergen, Naturschwimmbecken und Leuchtturm Spielzeugformat.

RESTAURANT

O Grota €

Im Strandlokal von Maia gibt es Fischgerichte ohne Schnörkel.

• Baía de Maia | Tel. 927 296 708

Weinterrassen bei Maia

TERCEIRA UND GRACIOSA

Windräder auf dem Bergrücken der Serra do Cume nutzen die Winde auf der Insel Terceira

Die Hauptstadt Terceiras, Angro do Heroísmo, ist Welterbe der UNESCO. Wegen seiner Felsbadepools am Meer ist Biscoitos bekannt. Dazu gibt es wie auf der Nachbarinsel Graciosa Kraterkessel und Schwefelgrotten.

Auf **Terceira** wird in den Sommermonaten oft und kräftig gefeiert, während der traditionellen Heiliggeistfeste. Kulturell Interessierte kommen in der Hauptstadt **Angra do Heroísmo** auf ihre Kosten. Highlights für Naturbegeisterte stehen in Form von Vulkanhöhlen, -schlunden, Fumarolen und Kraterseen bereit. Gebadet wird auf Terceira am Sandstrand von **Praia da Vitória** oder in natürlichen Brandungspools, speziell in **Biscoitos**. Dieser Fischer- und Weinbauernort eignet sich als Standort und lädt zum Reiten und Golfen ein. Praia da Vitória ist Durchgangsstation für Reisende, die per Fährschiff ankommen. Das schönere Ambiente sowie gute Hotels und Restaurants bietet Angra.

Das kleinere **Graciosa** wird meist zusammen mit Terceira besucht. Entweder genießt man ein paar Tage den winzigen Kurort **Carapacho** oder man wohnt im hübschen Hauptort **Santa Cruz** und unternimmt von dort aus einen Tagesausflug in die Vulkanlandschaft, die ebenso wie Terceira Schlote, Kraterkessel und Fumarolen zu bieten hat. Graciosa wurde 2007 von der UNESCO in die Liste der Biosphärenreservate aufgenommen.

TOUREN IN DER REGION

TOUR 5

ZWEI INSELN ENTDECKEN

ROUTE: Angra do Heroísmo › São Mateus da Calheta › Ponta do Queimado › Biscoitos › Furnas do Enxofre › Porto Judeu › São Sebastião › Praia da Vitória › Santa Cruz da Graciosa › Caldeirinha › Carapacho › Furna do Enxofre › Praia

KARTE: Seite 86, 100
DAUER: 1 Woche
LÄNGE: auf Terceira 112 km, auf Graciosa 31 km; Fährüberfahrt nach/von Graciosa pro Strecke 3,5 Std.
VERKEHRSMITTEL:
- Auf Terceira bewegt man sich am besten mit dem Mietwagen, auf Graciosa mit dem Taxi.
- Beachten Sie den Fahrplan der Autofähre Praia da Vitória (Terceira) – Graciosa › S. 26.

TOUR-START:

In **Angra do Heroísmo** `1` › S. 89 auf Terceira sollten Sie die Tour mit einer Stadtbesichtigung beginnen. Später bietet sich ein Spaziergang auf den Aussichtsberg **Monte Brasil** › S. 93 an. Angra bleibt Ihr Standort für zwei Nächte. Am zweiten Tag geht es auf der Küstenstraße ER 1-1 in den Inselwesten. Nach wenigen Kilometern können Sie in **São Mateus da Calheta** `11` › S. 99 Fischer-

hafenatmosphäre schnuppern. Kurz hinter Serreta stehen Abstecher ins Waldgebiet **Mata da Serreta** › S. 98 und zum Leuchtturm an der **Ponta do Queimado** an. Weiter geht die Fahrt nach **Biscoitos** `7` › S. 96, um sich in den Lavapools ins kühle Nass zu wagen, am kleinen Hafen Meeresfrüchte zu genießen und das **Museu do Vinho** zu besuchen. Nun führt die Route nach Süden ins zentrale Hochland der Insel. Hier be-

TOUREN AUF TERCEIRA UND GRACIOSA

TOUR `5`

ZWEI INSELN ENTDECKEN

Angra do Heroísmo › São Mateus da Calheta › Ponta do Queimado › Biscoitos › Furnas do Enxofre › Porto Judeu › São Sebastião › Praia da Vitória › Karte S. 100 Santa Cruz da Graciosa › Caldeirinha › Carapacho › Furna do Enxofre › Praia

eindrucken die Fumarolen **Furnas do Enxofre** › S. 94 und der Vulkanschlot **Algar do Carvão.** Abends kehren Sie nach Angra zurück.

Am dritten Tag können Sie den lieblichen Küstenort **Porto Judeu** **2** › S. 94 und die geschichtsträchtige Siedlung **São Sebastião** **3** › S. 94 erkunden und erreichen gegen Mittag **Praia da Vitória** **6** › S. 95. Dort lockt ein Bad am längsten Sandstrand der Insel und Lunch

mit Meerblick. Am Nachmittag lohnt eine Tour zur **Serra do Cume** › S. 96 ins Inselinnere. Sie übernachten in Praia da Vitória.

Von dort geht es am vierten Tag per Fähre zur Nachbarinsel **Graciosa** › S. 100. Am schönsten wohnen Sie in der Hauptstadt **Santa Cruz da Graciosa** **1** › S. 100, dem Ausgangspunkt der Inselrundfahrt, die Sie am fünften Tag unternehmen. Diese führt zur **Caldeirinha** **2** › S. 101, einem Vulkan in der Serra Branca. Im idyllischen Badeort **Carapacho** **5** › S. 102 haben Sie die Wahl zwischen dem Strand und der von einer heißen Quelle gespeisten Therme. Die **Furna do Enxofre** › S. 102 ist ein Vulkanschlot mit Fumarolen und unterirdischem See.

Auf dem Rückweg nach Santa Cruz bietet sich ein Halt in **Praia** **4** › S. 101 an, um Queijadas (Käsekuchen) zu erwerben. Dann geht es per Fähre wieder nach Terceira.

TERCEIRAS BUNTESTE HEILIGGEISTTEMPEL

ROUTE: Angra do Heroísmo ›
Porto Judeu › São Sebastião
› Biscoitos › Altares › Santa Bárbara
› São Bartolomeu

KARTE: Seite 86
LÄNGE: 1 Tag; 82 km
VERKEHRSMITTEL: Mietwagen.

TOUR **6**

TERCEIRAS BUNTESTE HEILIGGEIST-TEMPEL

Angra do Heroísmo › Porto Judeu › São Sebastião › Biscoitos › Altares › Santa Bárbara › São Bartolomeu

TOUR-START:

Für Fotofreaks ist diese Rundfahrt durch die liebliche Küstenlandschaft Terceiras ein »Muss«. Von **Angra do Heroísmo** `1` › S. 89 fährt man ostwärts nach **Porto Judeu** `2` › S. 94 und **São Sebastião** `3` › S. 94, wo die schönsten Heiliggeisttempel des Südostens stehen. Dann geht es quer über die Insel, am Golfplatz von Queimadas vorbei und durch den netten Ort Agualva zur Nordküste. Dort bietet sich **Biscoitos** `7` › S. 96 für eine Mittags- und Badepause an, bevor im Inselwesten die nächsten attraktiven Heiliggeisttempel auf dem Programm stehen: in **Altares** `8` › S. 98, **Santa Bárbara** `10` › S. 98 und **São Bartolomeu** `12` › S. 99. Wer nun neugierig geworden ist, wird auch in Angra do Heroísmo fündig: Der blau-weiße Império dos Inocentes da Guarita in der Rua da Guarita wurde 1901 zum Besuch von König Carlos I. auf den Azoren eingeweiht. Nicht weit vom Alto da Memória steht der wohl älteste Heiliggeisttempel Terceiras (von 1670) mit Barockfassade.

VERKEHRSMITTEL

- **Flughafen:** In **Terceira** (TER) liegt er bei Lajes im Nordosten der Insel, 3 km von Praia da Vitória und 17 km von Angra (Bus nach Praia alle 1–2 Std., dort Umstieg nach Angra; ab Flughafen Bus nach Biscoitos 3–6 × tgl.). Flughafeninfos: http://aerogarelajes.azores.gov.pt. Auf **Graciosa** (GRW) liegt der Flughafen 1,5 km westlich von Santa Cruz (keine Busanbindung, Taxi ca. 5 €). SATA Air Açores pendelt 1–2 × tgl. zwischen den beiden Inseln, von Graciosa auch 1–2 × tgl. nach Ponta Delgada (São Miguel). Von Terceira bestehen mit allen Azoreninseln regelmäßige Verbindungen.

- **Schiffsverbindungen:** Von Praia da Vitória verkehren Autofähren der Atlânticoline Mai–Sept. nach Graciosa 1–4 × pro Woche (direkt), auf die anderen Inseln 1–2 × pro Woche (nach Flores nur Ende Juli/Aug.). Auf Graciosa geht es von Praia mit Atlânticoline z. T. auf andere Inseln weiter.

- **Busse: Terceira** – Von Angra nach Praia da Vitória Mo–Sa ca. stdl., So 6 ×; von Angra nach Biscoitos 2–6 × tgl. über Küstenstraße ER 1-1 und 1 × tgl. über Bergstraße ER 3-1; von Praia nach Biscoitos 3–6 × tgl.; von Angra nach Porto Judeu 3–5 × tgl. Infos: www.evt.pt. **Graciosa** – Ab Santa Cruz werden zwei Rundkurse befahren, die alle wichtigen Orte berühren (Mo–Fr mehrmals tgl., Sa eingeschränkt, So keine Busse).

WICHTIGE ADRESSEN

Infobüros: Delegação de Turismo
- Rua Direita 74 | Angra do Heroísmo
  Tel. 295 213 393
  www.visitazores.com

Posto de Turismo
- Rua Eng. Manuel Rodrigues de Miranda 11
  Santa Cruz da Graciosa
  Tel. 295 703 254

Büros der Fluggesellschaft SATA:
- **Angra do Heroísmo:**
  Rua da Esperança 2
- **Flughafen:** Tel. 295 540 047
- **Santa Cruz da Graciosa:**
  Rua Dr. João de Deus Vieira 1
  Tel. 295 730 161
- **Flughafen:** Tel. 295 730 170

UNTERWEGS AUF TERCEIRA

ANGRA DO HEROÍSMO

5   N6

Jahrhundertelang war Angra mit seinem geschützten Naturhafen als Zwischenstation auf der Fahrt über den Atlantik wichtigstes Zentrum der Azoren. Als Wegbereiter für das heutige Stadtbild erwies sich 1614 ein Erdbeben: Beim Wiederaufbau erhielt Angra einen geometrischen Grundriss im Stil der Renaissance. Stolze Kirchen und repräsentative Bürgerhäuser zeugen vom Wohlstand vergangener Zeiten. Zwar legte ein Erdbeben am Neujahrstag 1980 die ganze Pracht in Schutt und Asche. Doch mit enormem Einsatzwillen bauten die rund 18 000 Einwohner ihre Stadt im alten Stil wieder auf. Die UNESCO half dabei finanziell und erklärte Angra zum Welterbe der Menschheit.

Für einen Rundgang sollte man rund zwei Stunden veranschlagen. Auf der **Praça Velha** (offiziell Praça da Restauração) ist immer etwas los. Vom Straßencafé auf dem Platz lässt sich das Kommen und Gehen im Rathaus, **Paços do Concelho A**, beobachten.

Nur wenige Meter weiter, im **Jardim Duque da Terceira,** erheben sich Palmen über Kakteen und Rosen. Niedrige Lavasteinmauern säumen die Treppen hinauf zum **Alto da Memória B**. Ein Obelisk mit herrlichem Rundblick über Stadt und Insel ehrt dort König Pedro IV.,

der 1831 von Terceira aus seine Ansprüche auf den portugiesischen Thron gegen seinen Bruder Miguel durchsetzte. Seine Tochter Maria II. verlieh Angra daher den Beinamen *do Heroísmo* (»die Heldenhafte«).

Im einstigen Franziskanerkloster, in dessen Vorgängerbau Vasco da Gama seinen Bruder Paulo begrub, ist heute der Hauptsitz des **Museu de Angra do Heroísmo C**. Angeschlossen sind weitere, über die Stadt verteilte Gebäude mit verschiedenen Ausstellungen (Ladeira de São Francisco, Tel. 295 240 800, http://museu-angra.azores.gov.pt,

---

💬 TOURADAS

Fast jede Gemeinde richtet in der Saison (1. Mai–15. Oktober) traditionell eine *tourada à corda* aus. Das unblutige Stiertreiben geht mindestens auf das 16. Jh. zurück. Einige Männer halten den Stier an einem langen Seil. Andere warten in den Straßen, wo Fenster und Türen verbarrikadiert sind, mit Handtüchern und Regenschirmen ausgerüstet auf den Stier. Es gilt, dem Publikum kunstvolle *passes* (Figuren) zu zeigen. I. d. R. wird der Stier dabei nicht verletzt. Tierschützer haben daher bislang noch nicht protestiert. Die Tiere kommen danach wieder auf die Weide und treten wieder beim nächsten Dorffest auf.

Der Jardim Duque da Terceira lädt nach dem Stadtbummel zur Pause unter Palmen ein

April–Sept. Di–So 10–17.30, sonst 9.30–17 Uhr, Eintritt 2 €).

1533 wurde die **Igreja Santuário Nossa Senhora da Conceição** erbaut. Besondere Stimmung erfüllt den schlichten Raum unter der hölzernen Kassettendecke, wenn sonntags feierliche Messgesänge erklingen (Rua Conceição, Mo–Sa 9.30 bis 19, So 9–15 Uhr).

An den Klippen beim Frachthafen **Porto das Pipas** ragt das mächtige **Monumento da Costa** auf. Seine modernen Lavasteinreliefs erzählen die Geschichte Terceiras.

Nebenan am alten Zollkai in der **Igreja da Misericórdia** nahm 1492 das erste Krankenhaus der Azoren seinen Betrieb auf (Rua Direita). Bevor man sich einen Kaffee auf dem Platz davor gönnt, sollte man einmal um die wunderschöne Alfândega (Zollhaus) von 1853 her-

umlaufen. Restaurant und Bar in der **Marina** mit Aussichtsterrasse sind ein Anziehungspunkt von Angra. Am Westrand der Bucht bietet der promenadenartige **Jardim dos Corte-Reais** schöne Ausblicke.

Angras Prachtstraße, die belebte **Rua Direita,** glänzt mit guten Geschäften und Souvenirläden. Die Nummern 111–121 markieren das wohl schönste Haus der Stadt, die **Casa do Conde Vila Flor** . Hier lebte António de Noronha, Graf von Terceira. Er befehligte die liberalen Truppen, die 1829 Praia da Vitória verteidigten › S. 95. Die Casa bewahrt ihren altertümlichen Charme im Erdgeschoss in der Farmácia Lisboa, einer nostalgischen Apotheke, und der Loja dos Linhos, die Tücher und Kleidung verkauft.

Das ehemalige Jesuitenkolleg ließ der erste Generalkapitän der Azoren 1776 zum **Palácio dos Capitães Generais**  umbauen. Die portugiesischen Könige Pedro IV. und Carlos I. nutzten das reich ausgestattete Gebäude 1831 bzw. 1901 als Residenz (Rua do Palácio s/n, www.azores.gov.pt, Führungen Di–So 10 bis 17 Uhr, Online-Anmeldung mind. 15 Tage vorher obligatorisch, Eintritt 4 €).

Glockentürme mit blau-weißen Spitzen sind Blickfang der imposanten **Sé Catedral** (auch: Igreja do Santíssimo Salvador). Neben dem Eingang der Kathedrale erinnert ein Denkmal an den Besuch von Papst Johannes Paul II. 1991. Im Inneren sehenswert sind die Verkleidung des linken Seitenaltars aus gehämmertem Silber sowie das indo-portugiesische Notenpult aus Palisanderholz; beide 17. Jh. (Rua da Sé, Mo–Fr 10–18 Uhr, Eintritt 2 €).

Südlich der Sé verbirgt sich der **Palácio dos Bettencourt** . Über dem Portal prangt das Wappen der Familie Bettencourt. Im 15. Jh. stellte sie die Gouverneure der Kanaren. Jahrzehntelang beherbergte das Herrenhaus Stadtarchiv und Bibliothek. Diese sind in neue Räumlichkeiten umgezogen. Der Palast wird zum Museum umgebaut (Rua da Rosa 49).

Westwärts führt die Rua de São Pedro aus der Stadt. Sie erschließt

A Paços do Concelho
B Alto da Memória
C Museu de Angra do Heroísmo
D Igreja Santuário Nossa Senhora da Conceição
F Monumento da Costa
F Igreja da Misericórdia
G Casa do Conde Vila Flor
H Palácio dos Capitães Generais
I Sé Catedral
J Palácio dos Bettencourt

das Ferienviertel mit zwei modernen Großhotels und der Felsbadeanlage am **Cais da Silveira.**

HOTELS

Azoris Angra Garden €€
Klassiker in zentraler Lage. Die Zimmer lie-
gen nach hinten mit Blick über den Jardim
Duque de Terceira.
- Praça da Restauração
  Angra do Heroísmo | Tel. 295 206 600
  www.azorishotels.com

Hotel Beira Mar €€
Inseltypischer Barockpalast am Meer mit
schmiedeeisernen Balkonen. Mit gutem
Restaurant (€€).
- Largo Miguel Corte Real 1–5
  Angra do Heroísmo | Tel. 295 215 188

Hotel do Caracol €€
Das freundliche 4-Sterne-Hotel liegt etwas
außerhalb am Meer, die Innenstadt ist zu
Fuß in einer Viertelstunde zu erreichen.
- Estrada Regional 1 | Angra do Heroísmo
  Tel. 295 402 600
  www.hoteldocaracol.com

Pousada Forte Angra do Heroísmo €€
Edel wohnen im historischen Gemäuer: Die
Hafenfestung wurde zum komfortablen Hotel
in bevorzugter Lage umgebaut.
- Castelo de São Sebastião
  Rua do Castelo | Angra do Heroísmo
  Tel. 295 403 560 | www.pousadas.pt

Quinta da Nasce-Água €€
Herrensitz aus dem 19. Jh. mit 16 Zimmern
und einem wunderschönen Park, 3 km außerhalb der Stadt.
- Vinha Brava | Angra do Heroísmo
  Tel. 295 628 500
  http://quintadanasce-agua.com

Quinta do Martelo €€
Der idyllische Gutshof, zu dem ein Kultur-
zentrum und ein Restaurant gehören
› S. 93, ist von Orangenplantagen und
Weinbergen umgeben. Gästezimmer im
Landhausstil des 19. Jhs., Frühstück in tra-
ditioneller Küche mit offener Kochstelle,
Kutschfahrten und Ausritte.
- Canada do Martelo 24
  São Francisco das Almas (5 km westlich
  von Angra) | Tel. 962 812 796
  https://quintadomartelo.net

Terceira Mar Hotel €€
Modernes Komforthotel am Meer am Westrand der Stadt.
- Portões de São Pedro 1
  Angra do Heroísmo | Tel. 295 402 280
  www.bensaude.pt

A Ilha €
Kleines Stadthotel, in der Belle Étage Balkon zur Fußgängerzone. Einfache, aber
hübsche Zimmer.
- Rua Direita 24 | Angra do Heroísmo
  Tel. 295 628 180

RESTAURANTS

Cais de Angra €€
Das Lokal am Jachthafen bietet frischen
Fisch, abwechslungsreiche Gemüsebeila-
gen, gute Salate und fruchtige Drinks.
Wochentags günstige Mittagsgerichte.
- Marina de Angra do Heroísmo
  Tel. 295 628 458

O Cachalote €€
Das kleine Restaurant macht äußerlich
nicht viel her, aber das Steak auf dem
heißen Stein ist unübertroffen.
- Rua do Rego 14 | Angra do Heroísmo
  Tel. 914 237 459
  nur abends, So geschl.

Tasca das Tias €€
Wunderschön dekoriertes Kneipenrestaurant mit mediterraner Küche, derzeit eine der beliebtesten Adressen in der Stadt.
• Rua de São João 117 | Angra do Heroísmo
  Tel. 295 628 062

Chefes do Pàtio €
Authentische regionale Küche ist hier Trumpf. Familiengeführt. Di geschl.
• Largo Prior do Crato 5–7
  Angra do Heroísmo | Tel. 295 703 236

SHOPPING

Açorbordados
Verkaufsausstellung mit feinen Stickereiarbeiten von Terceira.
• Rua da Rocha 50 | Angra do Heroísmo
  www.acorbordados.com

AUSFLÜGE AB ANGRA

MONTE BRASIL  N6

Den schönsten Ausblick über Angra garantiert der 205 m hohe Monte Brasil. Der Fußweg hinauf (hin und zurück ca. 2 Std., nur von Sonnenauf- bis Sonnenuntergang zugänglich) führt an der **Fortaleza de São João Baptista** vorbei (Largo da Boa Nova, tgl. 9.30–12.30, 14 bis 18 Uhr, Eintritt frei). Das Fort entstand zur spanischen Fremdherrschaft Ende des 16. Jhs. und ist eine der mächtigsten Bastionen, die die Spanier je bauten. Zusammen mit dem Castelo de São Sebastião auf der anderen Seite der Bucht sicherte das Bollwerk die Seeseite der Stadt.

Halten Sie sich an einer Straßengabelung oberhalb der Festung rechts, dann ist der steil aufwärts führende Fußweg ausgeschildert.

Rechts geht es zur Aussichtsplattform, wo ein Säulenmonument an die Entdeckung Terceiras im Jahr 1432 erinnert.

QUINTA DO MARTELO N6

Wer im feinen Restaurant A Venda do Ti Manel da Quinta des Landguts einkehrt, hat Gelegenheit, das Hofgelände zu erkunden. Rund ums Hauptgebäude gruppieren sich volkskundliche Museumsräume und traditionelle Werkstätten wie eine Töpferei. Auch Dreschplatz, Ställe, Brunnen und Zisternen sowie der *escalão de milho,* ein kegelförmiges Gestell zum Trocknen und Lagern von Maiskolben, sind zu besichtigen. Die Restaurantküche gibt einen Überblick über die traditionellen

Das Säulenmonument zur Inselentdeckung thront auf dem Monte Brasil

Speisen Terceiras und verwendet Produkte aus eigener Herstellung. (São Francisco das Almas, ca. 5 km westl. von Angra, Tel. 962 812 796, Do–Di 12–15, 18.30–22 Uhr, Mi geschl., €€–€€€). Unterkunft › S. 92.

DIE VULKANZONE DES INSELINNEREN

Ein Gefühl dafür, wie nahe das aktive Erdinnere ist, vermitteln die Solfataren (Schwefelquellen) **Furnas do Enxofre,** ca. 10 km nördlich von Angra. Aus Spalten und Ritzen im Boden quellen heiße Schwefeldämpfe. Das Gelände am Ende einer Stichstraße ist frei zugänglich. Den befestigten Rundweg nicht verlassen, denn abseits des Pfades drohen kochend heiße Erdlöcher.

Nicht weit davon markiert ein Bergsteigermonument die Zufahrt zum **Algar do Carvão** 6 ❚ N5. Der 100 m tiefe, höhlenartige Vulkanschlot bekam den Namen »Kohlengrube«, weil sein Gestein porös und pechschwarz wie Steinkohle erscheint. Auf dem illuminierten steilen Treppenabstieg sind bizarre Lava- und Tropfsteinskulpturen zu bestaunen, am Grund wartet ein geheimnisvoller See (www.montanheiros.com, Ostern–Mai tgl. 14.30 bis 17.15, Juni–Mitte Okt. tgl. 14–18, Mitte Okt.–Ostern Di/Mi und Fr/Sa 14.30–17.15 Uhr, Eintritt 6 €; siehe auch Gruta do Natal › S. 97).

Mit 3 km Durchmesser und absolut ebenem Boden erstreckt sich südlich der Verbindungsstraße die heute grüne **Caldeira de Guilherme Moniz,** der älteste erhaltene Einsturzkrater von Terceira.

DIE SÜDOSTKÜSTE

Im Osten von Angra durchquert die Küstenstraße vor Feteira aufgelassene Weinparzellen, ehe man **Porto Judeu** 2 06 erreicht. Vor dem Ufer ragen die **Ilhéus das Cabras** auf, zwei riesige Lavaklötze eines zerbrochenen Kraters. In Porto Judeu steht an der Hauptstraße im alten Dorfkern ein sehr schöner, bunter Heiliggeisttempel, der Império do Porto Judeu de Baixo von 1916.

Wenig weiter östlich, über eine schmale Nebenstrecke entlang des Atlantiks zu erreichen, lädt die **Baía da Salga** mit Meerwasserbecken und Strandbar zum Baden ein. Hier landeten am 25. Juli 1581 mehr als 1000 spanische Soldaten mit zehn Segelschiffen, um den Thronanspruch von König Philipp II. von Spanien auf Terceira durchzusetzen. Mit Geschrei und Musketenschüssen jagten die Einwohner eine Meute von Stieren auf die Feinde und konnten sie damit in die Flucht schlagen. Zwei Jahre später wurde Terceira dennoch zeitweise dem spanischen Weltreich einverleibt.

Östlich der Bucht schwingt die Küste in zwei Landzungen aus, zwischen denen sich die pittoreske **Baía das Môs** erstreckt. Die Bucht steht unter Naturschutz. Der Wind biegt das Schilf, Möwen kreischen.

In **São Sebastião** 3 ❚ 06 ist die älteste Kirche der Azoren zu besichtigen, Baubeginn war 1455. Wertvolle Fresken im Inneren, die derzeit restauriert werden, zeigen die Heiligen Barbara, Martin und Maria Magdalena neben den winzig dargestellten Stifterfiguren in den Kostümen ihrer Zeit. In provozierender Nähe zur Kirche steht der wohl bekannteste **Império** Terceiras. Er ist fotogen bemalt mit Stillleben, die zeigen, welche Speisen zum Heiliggeistfest serviert werden.

Baden und Picknick – dafür ist **Os Salgueiros** 4 06 passender Haltepunkt. Turbulent geht es wegen der sehr schönen Lage im Sommer in der Meeresbadeanlage des nahen **Porto Martins** 5 06 zu, einem richtigen kleinen Ferienort.

HOTEL

Hotel Branco II €
Geschmackvoll und gut ausgestattetes, kleines Hotel in einem inseltypischen zweistöckigen Haus.
• Estrada Santa Margarida
  Porto Martins | Tel. 295 516 075
  www.residencial-branco.com

RESTAURANT

Boca Negra €€
Kleines, inseltypisches Lokal. Spezialität ist *alcatra de peixe*, ein Fischschmortopf.
• Largo Santo António | Porto Judeu
  Tel. 295 905 182 | Di Ruhetag

PRAIA DA VITÓRIA 6 05

Vom Cabo da Praia reicht der längste Sandstrand der Insel 4 km weit bis zur alten Fischermole von Terceiras zweiter Stadt, Praia da Vitória (6600 Einw.). Hier trug sich 1829 eine große Seeschlacht zu, bei der die Anhänger des liberalen portugiesischen Thronfolgers Pedro IV. den entscheidenden Sieg über die Anhänger seines monarchistisch

AZOREN GRATIS ENTDECKEN

• Manche Sehenswürdigkeiten gewähren freien Eintritt, etwa das **Centro Ambiental do Priolo** › S. 77 und das **Museu do Nordeste** › S. 77, die **Fortaleza de São João Baptista** › S. 93 in Angra do Heroísmo oder das **Museu do Vinho** in Biscoitos › S. 96.

• Kostenfrei ist auch der Besuch zweier prachtvoller Gärten in und bei Ponta Delgada, nämlich des **Jardim António Borges** › S. 65 und des **Pinhal da Paz** › S. 69. Auf Pico gelangt man, ohne Eintritt, in den Park der **Quinta das Rosas** › S. 123.

• Die Ananasplantagen **A. Arruda** › S. 68 und **Santo António** › S. 13 in Ponta Delgada sind gratis zu besichtigen, inkl. Proben von Likör, Saft und Marmelade, ebenso die Maracujalikör-Fabrik **A Mulher de Capote** › S. 79 in Ribeira Grande (São Miguel). Die Teeplantagen **Chá Gorreana** und **Chá Porto Formoso** › S. 78 laden zur kostenlosen Besichtigung ein, bei der Teeproben ausgeschenkt werden.

• Als kostenlose Alternative zu den gebührenpflichtigen Thermalbädern auf São Miguel bietet sich der Strand von **Ribeira Quente** › S. 76 an, wo warme Quellen für angenehm temperiertes Meerwasser sorgen.

• Unter den Vulkanhöhlen der Azoren ist die **Furna de Frei Matias** auf Pico › S. 126 frei zugänglich und bequem begehbar.

eingestellten Bruders Miguel errangen. Dieser hatte sich in Lissabon zum König ausrufen lassen, während Pedro als Regent von Brasilien abwesend war. Von Terceira aus organisierte Pedro 1831 die erfolgreiche Besetzung Portugals. Seitdem trägt Praia den Beinamen da Vitória (»die Siegreiche«). Eine Statue der Siegesgöttin auf dem Hauptplatz erinnert daran. Weiter oben thront die 1517 geweihte Igreja Matriz de Santa Cruz. Eine Treppe führt hinauf zum Kirchplatz.

Dank der Nähe zum Insel-Flughafen und der US-Militärbasis in Lajes geht es in Praia genauso lebhaft zu wie in der Hauptstadt Angra. Davon zeugen die quirlige Rua de Jesús und der stets gut besuchte Badestrand. › mehr S. 16 Punkt **38**

HOTEL

Hotel Teresinha €€
Zweckmäßige Zimmer in ruhiger Lage. Der Garten lädt zum Sonnenbaden ein.
• Praceta Dr. Machado Pires 45
 Praia da Vitória | Tel. 295 540 060
 www.hotel-teresinha.com

RESTAURANT

O Pescador €€€
Muscheln, Wrackbarsch oder Stockfisch munden aus der *cataplana*. Auch vegetarische Gerichte. So geschl.
• Rua Constantino José Cardoso 11
 Praia da Vitória | Tel. 295 513 495

SERRA DO CUME ▮ 05/6

Der lang gestreckte, leicht gebogene Bergrücken der Serra do Cume (545 m) westlich von Praia gilt als Rest eines einstigen Riesenkraters. Der eher unspektakuläre eigentliche Gipfel kann per Auto umfahren werden. Beeindruckend ist der Blick Richtung Südwesten, in den »Kraterboden«. Das in allen Grüntönen schimmernde Gitternetz der dortigen Felder und Wiesen breitet sich im Hintergrund über sanfte Hänge bis hinab nach Angra aus.

BISCOITOS **7** ▮ N5

Unter Weinkennern hat sich der Ort im Norden Terceiras vor allem für seinen traditionellen honigfarbenen Süßwein einen Namen gemacht. Die Familie Brum serviert ihn im **Museu do Vinho.** Holzfässer mit dem Saft der auf Lavaboden gereiften Trauben ruhen in der Adega, die der Großvater 1890 gründete (Canada do Caldeiro 3, EN 3-1 Richtung Angra, Mai–Sept. Di–Sa 13.30 bis 16 Uhr, Eintritt frei).

Unten an der Küste, bei der Ponta dos Biscoitos, lockt neben dem kleinen alten Hafen mit den **Piscinas Naturais** ⚑ die wohl schönste Felsbadeanlage der Azoren (mit Bar, Umkleiden, Duschen) › S. 33. Die Brandung schliff hier große Becken in einen Lavastrom, der sich 1762 ins Meer ergossen und zu bizarren Gebilden aufgetürmt hatte. Man schwimmt im offenen Atlantik und ist doch durch Felsbarrieren vor hohen Brechern geschützt.

HOTEL

Quinta do Rossio €€
Familiäres Landhaushotel in idyllisch gelegenem Gutshof. Vier rustikale Zimmer.

Die Felsbadeanlage in Biscoitos ist in einen erstarrten Lavastrom hineingebaut

• Rua do Boiões 20 | Lugar do Rossio
2 km von Biscoitos | Tel. 295 908 325
www.quintadorossio.com

RESTAURANT

O Pedro €
Einfaches Lokal bei der Kirche, Spezialitä-
ten sind Tintenfischragout und gegrillte
Napfschnecken *(lapas).* So geschl.
• Caminho do Concelho
Biscoitos | Tel. 961 434 988

QUATRO RIBEIRAS N5

In dem kleinen Küstenort 4 km östlich von Biscoitos münden vier
Flüsse *(quatro ribeiras)* ins Meer.
Einen netten Picknick- und Aus-
sichtsplatz gibt es an der **Ponta da
Furna,** der Landspitze am Westrand
von Quatro Ribeiras (Schild »Miradouro« folgen). Die Felsbadeanlage
vor dem Ort wurde modernisiert
und attraktiv gestaltet. Ein Bach
trieb hier früher hölzerne Mühlrä-
der an, das Gemäuer der Wassermühle steht noch an Ort und Stelle.

DIE KRATERSEEN DES HOCHLANDS N5

An der Straße von Biscoitos nach
Angra weist nach 7 km ein Schild
den Weg zur kleinen **Lagoa do Ne-
gro,** die rund 600 m hoch zwischen
grünen, locker mit Wacholdergebüsch bewachsenen Hängen liegt.
Hier kann man picknicken und die
Gruta do Natal (»Weihnachtshöh-
le«) besichtigen, einen knapp 700 m
langen Vulkantunnel, der neben
dem See beginnt. In der Grotte wird
seit 1969 Weihnachten eine katholi-
sche Messe abgehalten (www.mon
tanheiros.com, Zeiten wie Algar do
Carvão › S. 94, Eintritt 6 €, Kombiticket 9 €). › mehr S. 15 Punkt **27**

Hafen von São Mateus da Calheta mit der Pfarrkirche aus dem 19. Jh.

DIE WESTKÜSTE

In **Altares** 8 N5 wurde die Fassade des Heiliggeisttempels gänzlich mit Fliesen verkleidet. Am Platz vor der Kirche gegenüber zeigt der liebevoll gestaltete **Núcleo Museológico dos Altares** landwirtschaftliches und häusliches Gerät früherer Tage (Di–So 14–17 Uhr, frei).

Östlich des Ortes überragt der flache Aussichtsgipfel **Matias Simão** (153 m) die Felsküste. In einer auffälligen Straßenkurve beginnt der Feldweg, der zu Fuß in einer Viertelstunde zum Berg führt.

Vom **Miradouro do Raminho** an der gleichnamigen Landspitze fällt der Blick die Küste entlang. Ein kurzer Fahrweg führt zum ehemaligen Ausguck der Walfänger, einer *vigia*. Dort beginnt ein ausgeschilderter Fußweg zum Meer hinunter.

Richtung Süden führt die Inselrundstraße ER 1-1 durch das Waldgebiet **Mata da Serreta**, das sich am Fuß der Serra de Santa Bárbara erstreckt. Hinter dem Picknickplatz und dem Brunnen sieht man den Zugang zu den Sicheltannen- und Eukalyptuswäldern des Naturparks.

Wer lieber per Auto an die Küste fahren möchte, folgt am nördlichen Ortsrand von **Serreta** 9 M5 der Straße zum Leuchtturm an der **Ponta do Queimado.**

Der Ort **Santa Bárbara** 10 M6 lohnt die Fahrt wegen eines wunderschönen Heiliggeisttempels von 1876. Die Rahmen seiner Fassade, der neugotischen Spitzbögen und der Fensterrosette sind gelb bemalt, ansonsten ist er in schlichtem Weiß gehalten. Auch hier wurde ein provozierend naher Standort zur katholischen Pfarrkirche gewählt.

SÃO MATEUS DA CALHETA 11 📖 N6

Hier lässt sich noch der Rhythmus eines Fischerdorfs hautnah erleben. Am Hafen werden die Holzboote an Land gezogen, Angelhaken präpariert und Fische verkauft, bis die Männer dann nachts wieder aufs Meer hinausfahren.

Im **Núcleo Museológico Casa dos Botes Baleeiros,** einem restaurierten Hafenschuppen, liegen drei bunt herausgeputzte Boote aus der Zeit des Walfangs, die man sich anschauen kann (Porto de São Mateus, tgl. 9–18 Uhr, Eintritt frei).

Gegen die Invasion der Spanier wurde westlich am **Porto Negrito** im 16. Jh. die gleichnamige Festung errichtet. Heute belagern Scharen junger Vergnügungssuchender die Kneipen und Liegeplätze rund um das Naturschwimmbecken.

Im etwas landeinwärts gelegenen Nachbarort **São Bartolomeu 12** 📖 N6 steht seit 1875 einer der schönsten Impérios Terceiras auf dem zentralen Platz gegenüber der Kirche. Der Heiliggeisttempel zeichnet sich durch überreiche Stuckaturen, ein fein ziseliertes schmiedeeisernes Gitter und die kontrastreiche blau-weiß-gelbe Bemalung aus.

RESTAURANT

Beira Mar €€
Den hervorragenden Fisch genießt man in einfachem Ambiente mit Hafenblick.
> mehr S. 14 Punkt 16
• Canada Porto 46
  São Mateus da Calheta
  Tel. 295 642 392 | Mo geschl.

💬 **HEILIGGEISTTEMPEL**

Im Mittelpunkt der **Festas do Espírito Santo** › S. 49 stehen kleine, bunte, an Kapellen erinnernde Tempel *(impérios)*. Als Symbole tragen sie Taube und Krone. Auf Terceira gibt es die meisten, etwa 60, von denen keiner dem anderen gleicht. Gott soll im 13. Jh. der portugiesischen Königin Isabel im Traum befohlen haben, eine Kirche zu Ehren des Heiligen Geistes zu bauen. Am nächsten Morgen machte sie sich mit zwei Steinmetzen auf die Suche nach einem geeigneten Ort. Als sie einen schönen Platz ausgewählt hatten, bemerkten sie, dass die Grundmauern der Kirche bereits standen. Die zwei Handwerker machten sich sofort ans Werk. Erfreut über den Fortschritt der Arbeiten, schenkte die Königin am Abend beiden zum Dank eine Rose. In den Händen der Männer verwandelten sich die Blumen jedoch in Goldmünzen. Bis heute wird Königin Isabel als Wohltäterin der Armen und Kranken verehrt. Sie krönte um 1300 die ersten »Bauernkaiser« *(imperadores)*, die während des Heiliggeistfestes Essen für die Armen besorgen mussten. Auf dem Festland hielt sich der Brauch nur in wenigen Orten, auf den Azoren ist er lebendig geblieben. Inzwischen müssen das ganze Dorf bzw. Stadtteil mit Essen und Trinken freigehalten werden, wofür meist eine Bruderschaft aufkommt.

UNTERWEGS AUF GRACIOSA

SANTA CRUZ DA GRACIOSA **1** ⭐ 📙 G2

In der gemütlichen Inselhauptstadt (1800 Einw.) schließt man an der **Praça Fontes Pereira de Melo** schnell Bekanntschaft mit Einheimischen. Die zwei großen Becken versorgten früher die Bewohner mit Wasser.

Das **Museu da Graciosa** widmet sich in einem spekakulären Neubau verschiedenen Aspekten der Insel wie Geologie und Landwirtschaft, Musik und Bräuchen. Das angeschlossene frühere Wohnhaus eines Winzers vermittelt einen Eindruck von der Wohnkultur früherer Zeiten (Largo Conde de Simas 17, www.museu-graciosa.azores.gov.pt, April–Sept. Di–So 10–18, Okt.–März 9.30–17.30 Uhr, Eintritt 1 €).

Im Ostteil von Santa Cruz führt ein ausgeschilderter Fahrweg den Vulkan **Monte da Ajuda** (129 m) hinauf, der sich auch für einen einstündigen Spaziergang eignet. Drei Einsiedlerkapellen stehen am Kraterrand. Von der **Ermida N.S. da Ajuda** aus dem 16. Jh. blickt man auf Stadt und Bucht mit dem alten Hafenkai **Cais da Barra.**

HOTELS

Graciosa Resort Hotel €€

Das recht neue Hotel liegt direkt an der Felsküste und ist das erste Haus am Platz. Moderne Anlage mit Pool.
• Porto da Barra (3 km von Santa Cruz)
  Tel. 295 730 500
  info@graciosahotel.com

Hotel Ilha Graciosa €

Freundlich und familiär geführt, zentral in einer gepflegten, inseltypischen Häusergruppe, 16 Zimmer.
• Av. Mousinho de Albuquerque 49
  Santa Cruz da Graciosa
  Tel. 295 712 675

TOUR AUF TERCEIRA UND GRACIOSA

TOUR **5**

ZWEI INSELN ENTDECKEN

Karte S. 86 Praia da Vitória/Terceira ›
Karte nebenstehend
Praia › Santa Cruz da Graciosa › Caldeirinha › Carapacho › Furna do Enxofre › Praia

Quinta dos Frutos €
Drei Ferienhäuser in Steinbauweise inmitten von Obstgärten, auf dem Land gelegen.
• Lugar da Vitória 10
  Tel. 914 516 240
  www.casasacorianas.com

RESTAURANTS

Costa do Sol €€
Inseltypisches Lokal in Hafennähe, günstiger Mittagstisch. Tgl. geöffnet.
• Largo da Calheta 2
  Santa Cruz da Graciosa
  Tel. 295 712 694

Apolo 80 €
Mittags schmackhaftes Buffet zu günstigem Preis. Abends regionale Küche.
• Rua Dom João IV 8
  Santa Cruz da Graciosa
  Tel. 295 712 660

SHOPPING

Adega e Cooperativa Agrícola da Ilha Graciosa
Die Agrargenossenschaft lädt zu Probe und Kauf des weißen Inselweins der Marke Pedras Brancas ein. Auch Verkauf von Knoblauch, Honig, Marmeladen, Obst.
• Charco da Cruz 12
  Santa Cruz da Graciosa

DER INSELWESTEN

Auf der ER 4 geht es nach **Ribeirinha** und weiter auf der ER 1 Richtung Süden auf den Gebirgszug der Serra Branca zu. 2,5 km nach dem Ort biegt man links zu einem Windenergiepark ab. Diesem schräg gegenüber liegt der Vulkan **Caldeirinha 2** G2, in dessen Schlot man tief hinabblicken kann. Sein Krater-

Windmühle in Fontes auf Graciosa

rand ist mit 360 m die höchste Erhebung der Serra Branca.

Ein lohnendes Ziel an der äußersten Westspitze von Graciosa ist **Porto Afonso 3** G2. Den sicheren Ankerplatz in einer Felsbucht nutzen heute noch ein paar Fischerboote, der Fang ist aber zum Freizeitvergnügen geworden. Auch Angler sitzen häufig geduldig in den Küstenfelsen. Im Sommer eignet sich die Bucht recht gut zum Baden.

PRAIA (SÃO MATEUS) 4 G2

Die Stadt ist unter zwei Namen bekannt, was einige Verwirrung stiftet. Direkt vor der Uferstraße liegt ein sandiger Strand *(praia)*. Die **Igreja de São Mateus** ist dem Ortspatron, dem hl. Matthäus, geweiht.

In Praia befindet sich der Haupthafen der Insel, wo die Fährschiffe anlegen. Im Sommer laufen Fischerboote zum der Stadt vorgelagerten **Ilhéu da Praia** aus. Das als Naturreservat ausgewiesene Felseiland ist vor allem für Birdwatcher interessant, da sich zahlreiche Seevogelarten dorthin zurückgezogen haben.

HOTEL

Moinho de Pedra €
Vier originelle Apartments in einer restaurierten Windmühle.
• Rua dos Moinhos de Vento 28
  Praia | Tel. 295 712 501
  www.moinhodepedra.pt

SHOPPING
Pastelaria Queijadas da Graciosa
Die Backwarenfabrik am nördlichen Ortseingang hält im Direktverkauf die berühmten Queijadas (kleine Käsekuchen) in Zwölferkartons bereit.
• Canada Nova 36 | Praia
  Mo–Fr 9–18 Uhr

AUSFLUG
ZUR CALDEIRA 🐚 G2

Von Praia verläuft die ER 2 nach Süden in den landschaftlich reizvollsten Teil Graciosas. Ein Abstecher führt von Santa Quitéria auf den **Morro Senhora da Saúde** hinauf. Auf dem Gipfel mit einer Wallfahrtskapelle eröffnet sich ein herrlicher Panoramablick.

Ein Fußweg führt zum Vulkanschlund **Furna do Enxofre.** Ein Besucherzentrum am Eingang informiert über den Vulkanismus auf

Graciosa und den anderen Azoreninseln. Dann beginnt das Abenteuer des Abstiegs in die Höhle durch einen Turm mit Wendeltreppe (manchmal geschl., je nach Kohlendioxidkonzentration). Im Halbdunkel liegt 100 m tief die Lagoa do Styx, aus der schwefelhaltige Gase quellen. Der Abstieg bis zum See ist daher nicht mehr erlaubt. In Begleitung eines Wärters gelangt man im oberen Teil der Höhle bis zu einem dumpf blubbernden Geysir und blickt von dort in die unergründliche Tiefe. (http://parquesnaturais.azores.gov.pt, April–Okt. tgl. 10–18, Nov.–März Di–Fr 10–17, Sa 14 bis 17.30 Uhr, Eintritt 5 €).

CARAPACHO 5 🐚 G2 ⭐

Die **Termas do Carapacho** warme Quellen, werden in ein wunderschönes altes Kurhaus geleitet und speisen eine moderne Thermenlandschaft mit kleinem Innenpool › S. 33. Nebenan lockt ein öffentlicher Meerwasserpool in kühleres Wasser. Rundherum kann man sich in der Sonne aalen oder den Wellen zusehen, die in die felsige Bucht schwappen. Wem dieser Blick nicht spektakulär genug ist, sollte zum Leuchtturm an der **Ponta da Restinga** hoch auf einer Klippe fahren.

RESTAURANT
Dolphin €
Angenehmes Terrassenlokal mit Atlantikblick, im Sommer Wochenendbuffet.
• Carapacho | am Campingplatz
  Tel. 295 712 014

FAIAL

Segler aus aller Welt hinterlassen
auf der Insel Faial ihre »Signatur« am
Jachthafen von Horta

Treffpunkt aller Atlantiksegler ist die lebendige Inselhauptstadt Horta. Grüne Weiden und blaue Hortensienhecken prägen die Vulkaninsel. Ein jüngeres Zeichen vulkanischer Aktivität kann man an der Westspitze am Vulcão dos Capelinhos erleben.

Faial ist zunächst einmal die Hauptstadt **Horta.** Ihre internationale Atmosphäre, die sie dem berühmten Jachthafen verdankt, macht sie speziell im Sommer zu einer lebendigen Stadt. In Kontrast dazu steht der ruhige Rest der Insel. Entlang der Ringstraße rund um die Insel reihen sich die Bauerndörfer. Dahinter ziehen sich die saftigen Weiden, von Hortensienhecken gesäumt, zur zentralen **Caldeira** hinauf. Ein jüngeres Zeichen vulkanischer Aktivität ist der **Vulcão dos Capelinhos,**

der erst 1957/58 aus dem Meer stieg und neues Land schuf. Nach Faial kommt ein relativ junges Publikum, das sich gerne Aktivitäten wie Segeln, Tauchen, Whalewatching oder Mountainbiking widmet.

Horta ist der zentrale Standort mit Unterkünften für verschiedene Ansprüche. In den Hafenkneipen ist hier auch abends noch etwas los. Im Sommer wird **Praia do Almoxarife** zum Badeparadies. Mehrere kleine Landhotels für Individualisten verteilen sich über die Insel.

TOUREN IN DER REGION

$^{T}O^{U}R$
7

EINMAL RUND UM DIE INSEL

ROUTE: Horta › Praia do Almoxarife › Ribeirinha › Cedros › Fajã › Vulcão dos Capelinhos › Varadouro › Caldeira › Jardim Botânico

KARTE: Seite 106
LÄNGE: 1 Tag; 80 km
VERKEHRSMITTEL:
• Mietwagen oder Taxi.

TOUR-START:
Von **Horta** **1** › S. 107 windet sich eine Serpentinenstraße den Bergrücken des Monte da Espalamaca hinauf. Oben schauen Sie zurück zur Stadt und voraus nach **Praia do Almoxarife** **2** › S. 113. In **Ribeirinha** **3** › S. 114 lohnt ein Abstecher zum Leuchtturm. Bei **Salão** verweist ein Schild auf den Porto, einen wildromantischen Platz an der Steilküste. Nach Passieren des hübschen Straßendorfs **Cedros** **4** › S. 114 folgen zwei Aussichtspunkte mit Blick über die wilde Nordküste. Zum **Strand von Fajã** › S. 115 führt ein Abstecher hinab. Dann folgt als erster Höhepunkt der Tour der

Vulcão dos Capelinhos › S. 116. Zur Mittagspause im Badeort **Varadou-ro** › S. 117 lockt eine Erfrischung im Naturschwimmbecken und die Einkehr im Ausflugslokal. Nachmittags steht die Auffahrt zur **Caldeira** › S. 113 an, dem zentralen Riesenkrater. Letzter Besichtigungspunkt auf dem Weg zurück ist der **Jardim Botânico** › S. 113, ein idyllischer Botanischer Garten unweit von Horta.

tation überwucherten **Cabeço da Fonte** › S. 116 (488 m) auf dem Programm, einer der jüngeren Vulkane Faials, der 1672 eine folgenschwere Eruption hatte. In gewisser Weise ist er ein Vorläufer des Vulcão dos Capelinhos.

TOUR 8
ZWEI VULKAN-WANDERUNGEN

ROUTE: Horta › Caldeira › Cabeço da Fonte

KARTE: Seite 106
LÄNGE: 2 Tage; Fahrstrecke/ Wanderzeit: 1. Tag: 24 km/3 Std.; 2.Tag: 32 km/2,5 Std.
VERKEHRSMITTEL:
• Zum Start mit dem Mietwagen.

TOUR-START:
Die beiden Wanderwege erschließen landschaftliche Highlights von Faial, deren Entstehung dem Vulkanismus zu verdanken ist. Die erste Tour widmet sich der **Caldeira** › S. 113, an deren Rand ein Pfad mit Ausblicken wie aus der Flugzeugperspektive verläuft.

Am zweiten Tag steht die Umrundung des von üppiger Vege-

TOUR 9
ROUTE FÜR MOUNTAINBIKER

ROUTE: Horta › Abegoaria › Cabouco Velho › Ribeirinha › Pedro Miguel › Praia do Almoxarife › Horta

KARTE: Seite 106
LÄNGE: 2–3 Std.; 35 km
VERKEHRSMITTEL:
• Fahrräder können in Horta gemietet werden, z. B. bei der Base Peter Zee (Peter Café Sport) › S. 107.

TOUR-START:
Zunächst fahren Sie ab Horta über São João Richtung Caldeira. An der Abzweigung bei **Abegoaria** folgen Sie der ER 2-2a Richtung Norden. Bei **Cabouco Velho** beginnt der schönste Teil der Fahrt. Sie biegen dort in eine Piste ostwärts ein, die einem Höhenrücken mit Traumblick bis zur ER 1-1a bei **Ribeirinha** › S. 114 folgt. In **Pedro Miguel** lenken Sie den Drahtesel auf die Estrada New Bedford und nutzen den Schwung in **Praia do Almoxarife** › S. 113, um den Strand bis

zum Ende abzufahren. Knapp 150 steile Höhenmeter müssen Sie am Ende noch überwinden, ehe Sie dann vom Monte da Espalamanca die Serpentinen nach Horta hinunterflitzen können.

VERKEHRSMITTEL

- **Flughafen:** Der Aeroporto da Horta (HOR) liegt 8 km westlich der Stadt bei Castelo Branco (Bus nach Horta Mo–Fr 6 × tgl., Sa 3 ×, Taxi 12,50–15 €). SATA Air Açores fliegt mehrmals tgl. von Horta nach Ponta Delgada (São Miguel) und Terceira und 1 × tgl. nach Flores. Nach Pico und São Jorge gibt es keine Flüge.

- **Schiffsverbindungen: Personenfähren** und kleine Autofähren von Atlânticoline (www.atlanticoline.pt) der Linha Azul (»blaue Linie«) verkehren ganzjährig von Horta nach Madalena (Pico) bis 8 × tgl. (Fahrzeit 30 Min.). Etwas seltener, aber ebenfalls ganzjährig pendelt die Linha Verde (»grüne Linie«) zwischen Horta (Faial), Madalena (Pico), São Roque (Pico) und Velas (São Jorge). Calheta (São Jorge) wird derzeit nicht angelaufen. Größere **Autofähren** der Atlântico-

TOUREN AUF FAIAL

TOUR 7 EINMAL RUND UM DIE INSEL
Horta › Praia do Almoxarife › Ribeirinha › Cedros › Fajã › Vulcão dos Capelinhos › Varadouro › Caldeira › Jardim Botânico

TOUR 8 ZWEI VULKANWANDERUNGEN
Horta › Caldeira › Cabeço da Fonte

TOUR 9 ROUTE FÜR MOUNTAINBIKER
Horta › Abegoaria › Cabouco Velho › Ribeirinha › Pedro Miguel › Praia do Almoxarife › Horta

line (Linha Amarela, »gelbe Linie«) verkehren ab Horta zu den anderen Azoreninseln Mai–Sept. mehrmals pro Woche, nach Flores nur Ende Juli/Aug. 1 × pro Woche.

- **Busse:** Die Inselbusse werden von der Gesellschaft Farias (www.farias.pt) betrieben. Dreh- und Angelpunkt ist Horta (Abfahrt an der Uferstraße nahe Fährterminal). Die Südlinie fährt über Castelo Branco und Capelo nach Ribeira Funda, die Nordlinie über Ribeirinha und Cedros ebenfalls nach Ribeira Funda (jeweils Mo–Fr 3–4 ×, Sa 1 × tgl.). Zudem gibt es Mo–Fr 3–4 ×, Sa 1 × tgl. Busse nach Praia do Almoxarife. Linie 1 fährt Mo–Fr 1 × tgl. über Flamengos nach Castelo Branco. Sonntags kein Busverkehr.

In Horta verkehren Mini-Stadtbusse auf vier Linien, nur Mo–Fr, Einzelfahrt 0,50 € (beim Fahrer), Fahrplan unter www.cm horta.pt (Stichwort Turismo).
> mehr S. 12 Punkt **8**

WICHTIGE ADRESSEN
Infobüro der Azorenregierung:
Posto de Turismo (mit Ausstellungsraum)
- Rua Conselheiro Medeiros
  9900-017 Horta | Tel. 292 292 237

Büro der Fluggesellschaft SATA:
- Largo do Infante | Horta
- Flughafen: Tel. 292 202 310

Flughafeninfo:
- www.ana.pt

UNTERWEGS AUF FAIAL

HORTA 🟧1 📘 B8

Stärker als die anderen Azorenstädte lebt Horta (6500 Einw.) von und mit seinem Hafen. Das **Forte de Santa Cruz** Ⓐ mit seinen efeuumrankten Zinnen, heute ein nobles Hotel › S. 112, wurde um 1567 erbaut, um Horta vor Angriffen französischer und englischer Korsaren zu schützen. Dennoch gelang es Sir Walter Raleigh, die Stadt 1597 zu plündern und zu brandschatzen. An die Nordmauer der Festung grenzen die baumbestandene **Praça do Infante** und der gleichnamige Park. › mehr S. 16 Punkt **30**

Während die Büste Heinrich des Seefahrers stadteinwärts schaut, blicken Touristen auf die Schwimmstege der beliebtesten **Marina** im Atlantik. Jede Jachtbesatzung verewigt sich durch eine bunte Malerei an der Hafenmauer um, wie es heißt, mögliches Unglück auf See abzuwenden. Man trifft sich in der **Bar da Marina** am Kai.

Eine Institution ist **Peter Café Sport** Ⓑ 🟥8. Einheimische und Segler sitzen einträchtig in dem urigen Lokal. Der Gin Tonic wird von Skippern als der beste zwischen der Karibik und Gibraltar gerühmt. Kein Wunder, ist dies doch im Umkreis von 1000 Seemeilen die einzige Kneipe, die sich um Segler, deren Post und Trinkwünsche kümmert. Wimpel und Flaggen baumeln von der Decke und verhüllen die alte Holztäfelung der Wände. Jahrzehn

Hochseesegler aus aller Welt kehren im
Peter Café Sport ein

telang wurde das Lokal vom legendären, 2005 verstorbenen »Peter«
geführt, der eigentlich José Azevedo
hieß. Ein englischer Kapitän hatte
ihn im Zweiten Weltkrieg »umge-
tauft«, der Name blieb. Peters Sohn
José Henrique führt die populäre
Hafenkneipe ganz im Sinne seines
Vaters weiter (Rua José Azevedo 9,
Tel. 292 292 327, www.petercafe
sport.com, Mo–Do 8–1, Fr/Sa 8–2,
So 9–24 Uhr. › mehr S. 17 Punkt ③①

Einzigartig auf der Welt ist das
Scrimshaw Museum im 1. Stock
von Peter Café Sport. Die vielfältige
Privatsammlung gravierter Walzäh-
ne › S. 48 wurde von der Familie
Azevedo über Jahrzehnte hinweg
zusammengetragen (Mo–Sa 10–12,
13–17.30 Uhr, Eintritt 2,50 €).

Ins Auge fällt südlich des Hafens
die Igreja Nossa Senhora das
Angústias ⑥ (Rua das Angústias).

Beim Erdbeben 1998 erlitt sie
schwere Schäden, ist jedoch wieder
instand gesetzt worden. Brites de
Macedo, Frau des Legatskapitäns
Josse van Hurtere und erste »First
Lady« der Insel, hatte an dieser Stel-
le schon eine Kapelle erbauen las-
sen. Van Hurtere, dem Horta seinen
Namen verdankt, war ein wohlha-
bender Flame und hatte sich, ange-
lockt von angeblichen Silber- und
Zinnvorkommen, Mitte des 15. Jhs.
auf den Weg nach Faial gemacht.
Bodenschätze gab es nicht, doch
Getreide und *pastel* (Färberwaid
› S. 72) gediehen prächtig.

Die sandige Praia do Porto Pim
ist Hortas Badestrand. Früher war-
fen unzählige amerikanische Wal-
fangschoner im Naturhafen Porto
Pim Anker. Sie bunkerten Vorräte
und stockten die Mannschaft mit
Ruderern und Harpunieren der Insel für die Fangboote auf. 1808 kam
der spätere amerikanische Konsul
John Dabney nach Faial und erbaute eine Fabrik zur Walverarbeitung
am Ostrand des Strandes.

In seinem ehemaligen Sommer-
haus am Strand von Porto Pim, der
Casa dos Dabney ⑩, ist eine Ausstellung über die Bedeutung der
Familie im 19. Jh. untergebracht.
Nebenan in einer ehemaligen Tro-
ckenanlage für *bacalhau* logiert das
Aquário do Porto Pim, das in
schlichten Tanks Meerestiere zeigt,
die auf ihre Verschickung an Aquarien in aller Welt warten, und für
Umweltproblematiken sensibilisie-
ren soll (Juni–Sept. tgl. 10–18, Okt.
bis Mai Di–Fr 10–17, Sa 14–17.30
Uhr; Kombiticket 3,50 €).

In der früheren **Fábrica da Baleia** Ⓔ sieht man einen riesigen Dampfkessel zur Gewinnung des Walöls von 1904, Geräte zur Herstellung von Tierfutter und Dünger aus Fleisch und Knochen und die Rampe, auf der die Pottwale an Land gezogen wurden (Encosta do Monte da Guía, www.oma.pt, wegen Umbau derzeit geschl.).

Nun lohnt ein Abstecher die Rua Cônsul Dabney hinauf in die **Colónia Alemã** Ⓕ, die »Deutsche Siedlung«, mit den Anfang des 20. Jhs. erbauten Häusern der Deutsch-Atlantischen Telegraphengesellschaft (DAT). Seit 1893 verband das erste Telegrafen-Überseekabel Horta direkt mit Lissabon. Damit begann der Aufstieg Faials zum atlantischen

Horta

0   250 m

Ⓐ Forte de Santa Cruz
Ⓑ Peter Café Sport
Ⓒ Igreja Nossa Senhora das Angústias
Ⓓ Casa dos Dabney/ Aquário do Porto Pim
Ⓔ Fábrica da Baleia
Ⓕ Colónia Alemã
Ⓖ Igreja de São Francisco
Ⓗ Matriz São Salvador
Ⓘ Mercado Municipal
Ⓙ Clube Sociedade Amor da Patria
Ⓚ Torre de Relógio

Kommunikationszentrum. 1900 verlegte die DAT ein Kabel von der ostfriesischen Insel Borkum über Horta nach New York. Schon bald danach kreuzten sich die Kabel aus London, Paris und Washington in den Zentralen der diversen internationalen Gesellschaften in Horta. Die Bedeutung der Kabel sank jedoch mit der Entwicklung von Telefon-, Radio- und Satellitenübertragungen. 1969 wurde die letzte Telegrafengesellschaft feierlich geschlossen. Die DAT musste Horta schon im Zweiten Weltkrieg verlassen. Heute sind in den Gebäuden Regierungsbehörden untergebracht. Am ehemaligen Ballsaal lohnt ein Blick von außen auf die bunten Fensterscheiben mit den Wappen der deutschen Länder.

Die **Rua Direita** genannte Rua Conselheiro Medeiros mit kolonialen Bauten und gusseisernen Balkonen lädt mit Souvenirläden und Boutiquen zum Einkaufen ein. Von außen schlicht wirkt die **Igreja de São Francisco** . Auf das vergoldete Schnitzwerk und die Azulejos mit Bildern aus dem Leben des hl. Franziskus im Inneren kann man, mit Glück, nur zur Morgenmesse (8–9 Uhr) für das angeschlossene Altersheim einen Blick werfen.

Den Largo Duque de Ávila e Bolama beherrscht die vom Jesuitenorden ab 1680 erbaute barocke Pfarrkirche **Matriz São Salvador** (tgl. 17–19 Uhr) mit vergoldeten Altären und aufwendig gearbeitetem Chorgestühl.

Nebenan im einst größten Jesuitenkolleg der Azoren nimmt das kleine **Museu da Horta** drei Säle im ersten Stock ein. Es zeigt vor allem Kirchenkunst von der Insel: Skulpturen und Silberarbeiten. Fotos dokumentieren den Hafenbau und die Zeit der frühen Transatlantikflüge. Beachtlich sind die Miniaturen von Euclides Rosa: Er bildete mit Fei-

---

💬 **FLUG-HAFEN**

Über 15 Stunden war Albert Read unterwegs, als er auf dem ersten Transatlantikflug vom amerikanischen Trepassey Bay am 22. Mai 1919 mit einer viermotorigen NC 4 der amerikanischen Marine im Atlantik vor Horta wasserte. Read flog weiter via Ponta Delgada und Lissabon bis nach Plymouth in Großbritannien. Zehn Jahre später landeten mit der zwölfmotorigen Dornier DO-X, dem damals größten Wasserflugzeug der Welt, bereits 70 Passagiere. 1930 schwebte Graf Zeppelin mit seiner »Zigarre« über die Stadt hinweg.

1933 parkte Charles Lindbergh im Auftrag der Pan American seine Lookheed Sirius im Hafen, um zu erkunden, ob Horta als Zwischenstation für Linienflüge tauglich war. 1936–1938 realisierte die Lufthansa diese Idee mit Katapultstarts von den Schiffen »Schwabenland« und »Friesland«. 1939–1945 verkehrten im Linienverkehr Boeing-314-Wasserflugzeuge der Pan American. Gegen Ende des Zweiten Weltkriegs, als auf Terceira und Santa Maria asphaltierte Landeplätze entstanden, kam das Aus für den Flug-Hafen vor Horta.

Frisches Warenangebot auf dem Markt in Horta

genbaummark Segelschiffe, Stadt-
landschaften und Menschen origi-
nalgetreu nach (Largo Duque Ávila
Bolama, April–Sept. Di–So 10–18,
sonst 9.30–17.30 Uhr, Eintritt 2 €).

Die boutiquengesäumte Rua Serpa Pinto zieht mit ihren herrschaft-
lichen Kolonialhäusern weiter nach
Norden und mündet in die **Praça
da República**. Das knallige Rot des
Konzertpavillons überstrahlt die gepflegten Blumenbeete zwischen hohen Araukarien.

Auf dem Platz haben die Markt-
händler vorübergehend die Stände
des **Mercado Municipal** ❶ aufgestellt haben (Mo–Fr 6.30–19, Sa bis
13 Uhr). Die Markthalle in der Rua
Serpa Pinto wird renoviert und erhält einen neuen Look. Am höher
gelegenen Platzende fällt die Art-
déco-Architektur der 1930er-Jahre
des **Clube Sociedade Amor da Patria** ❶ ins Auge, von einer Horten-

sienbordüre umrankt. Eine mächtige Freitreppe führt zu den Räumen
des Gesellschaftsklubs hinauf.

Neben so viel Pomp geht der **Império dos Nobres** fast unter, einer
der ältesten erhaltenen Heiliggeisttempel der Azoren. Er wurde Ende
des 18. Jhs. in Erinnerung an die
schweren Eruptionen errichtet, die
den Nordwesten Faials 1672 er-
schütterten. Die Vulkanausbrüche
wurden von den Azorianern als
himmlisches Zeichen aufgefasst,
das zur Wiederbelebung der schon
beinahe in Vergessenheit geratenen
Heiliggeistfeste ▶ S. 49 führte.

Weiter nördlich steht an der Rua
de São João die **Torre de Relógio** ⓚ. Der alte Uhrturm blieb von
der früheren Pfarrkirche (18. Jh.)
erhalten.

Nebenan lädt der hübsche **Jardim de Florêncio Terra** zur Rast
ein. Die 1883 entstandenen Mar-

400 m steigen die Wände der Caldera vom Kraterboden auf

morskulpturen am zentralen Teich symbolisieren die Jahreszeiten. Schatten spenden dem kleinen Park gewaltige Drachenbäume, deren Kronen zusammengewachsen sind.

HOTELS

Pousada da Horta €€€
In der historischen Festung Forte de Santa Cruz > S. 107. 28 Zimmer und Suiten auf hohem Standard, mit Außenpool.
• Rua Vasco da Gama | Horta
  Tel. 210 407 670 | www.pousadas.pt

Azoris Faial Garden €€
Im Grünen über der Stadt gelegene, weitläufige Anlage mit sehr schönem Ausblick. Außen- und Innenpool, Jacuzzi und Sauna.
• Rua Cônsul Dabney | Horta
  Tel. 292 207 400 | www.azorishotels.com

Hotel do Canal €€
Günstige Lage am Hafen, gutes Fitness- und Wellnessangebot (ohne Pool). Das Haus hat 97 moderne Zimmer.
• Largo Dr. Manuel Arriaga | Horta
  Tel. 292 202 120 | www.bensaude.pt

Hotel Horta €€
Etwas oberhalb der Innenstadt gelegen in 10 Minuten Fußgängerentfernung, alle Zimmer mit Meerblick.
• Rua Marcelino Lima | Horta
  Tel. 292 208 200 | www.hotelhorta.pt

RESTAURANTS

Canto da Doca €€€
Fleisch, Fisch und Meeresfrüchte gart man selbst auf dem »heißen Stein«.
• Rua Nova d. Angústias | Horta
  Tel. 292 292 444 | tgl.

Genuíno €€€
Derzeit besonders angesagt, schön am Porto Pim gelegen. Hervorragende Reisegerichte mit Fisch und Meeresfrüchten. Genuíno Madruga umsegelte einhand die Welt, bevor er das Lokal gründete. Tgl.
• Travessa Areinha 9 | Horta
  Tel. 292 701 542 | www.genuino.pt

Atlético €€
Versteckt gelegen, aber mit angenehmer Atmosphäre und bestem frischem Fisch, über Holzfeuer gegrillt.
• Rua Filipe de Caravalho | Horta
  Tel. 292 292 492 | Mo geschl.

A Árvore €
Hausmannskost vom Buffet, jeder wählt aus, was er mag.
• Rua da Conceição 23 | Horta
  Tel. 292 701 360 | Mo geschl.

AUSFLÜGE AB HORTA

MONTE DA GUIA 🖻 B8
Für einen Blick über Horta und zu den Nachbarinseln Pico und São Jorge lohnt ein Spaziergang (1 Std.) in das Landschaftsschutzgebiet des

Monte da Guia (150 m). Von der Terrasse der Einsiedlerkapelle sieht man hinunter in die *caldeirinhas,* zwei mit schäumendem Meerwasser gefüllten Vulkankratern.

FETEIRA 🖼 B8

Der hübsche Fischerort an der Südküste wartet mit einem kleinen Hafen und seiner **Igreja Nossa Senhora de Lourdes** auf.

Unterwegs lohnt ein Halt an der **Ponta Furada.** Der wilde Küstenabschnitt wird gern von Anglern aufgesucht.

Casa da Japoneira €€
Schnuckeliges Landhotel in einem Haus aus dem 19. Jh., mit Kameliengarten.
• Rua da Igreja 67 | Feteira
  Tel. 292 392 165
  www.casadajaponeira.com

MONTE CARNEIRO 🖼 B7

Ein schöner Spaziergang führt über die Canada das Dutras in 45 Min. zum Miradouro auf dem Monte Carneiro, 270 m über der Stadt, wo man mit einem herrlichen Ausblick auf den Pico belohnt wird.

JARDIM BOTÂNICO 🖼 B7

Einen Besuch des 2 km von Horta entfernten Botanischen Gartens in **Flamengos** sollte man nicht verpassen. Man erhält einen Überblick über Heilpflanzen und die endemischen Gewächse der Azoren (Rua de São Lourenço 23, http://parquesnaturais.azores.gov.pt, April–Okt. tgl. 10–18, Nov.–März Di–Fr 10–17, Sa 14–17.30 Uhr, Eintritt 4 €).

CALDEIRA 🖼 B7

Am fruchtbaren Tal von Flamengos vorbei und über São João geht es an grünen Wiesen und (im Juli/August blauen) Hortensienhecken vorbei zum Gipfelparkplatz. Von dort genügen wenige Schritte durch einen Fußgängertunnel und die Sicht in die 2 km breite Caldeira ist frei. 400 m steigen die Felswände vom Kraterboden empor. Die Umrundung der Caldeira auf dem Wanderweg **PRC 4 FAI** (ca. 2,5 Std.) ist möglich. Gegen den Uhrzeigersinn erfolgen die ersten zwei Drittel davon auf einem schmalen Pfad, der Schwindelfreiheit und Trittsicherheit erfordert. Schließlich wird ein Fahrweg erreicht, der zum höchsten Punkt, dem **Cabeço Gordo** (1043 m) führt. Von dort geht es auf einem Fußweg zurück zum Parkplatz. Der Abstieg zum Kraterboden (mit Rückweg 3,5 Std.) ist nur in Begleitung eines Naturparkrangers erlaubt (Anmeldung unter Tel. 292 207 382 oder parque.natural.faial@azores.gov.pt, Gruppe max. 12 Pers., bis zu drei Führungen tgl.).

Von der Straße zur Caldeira lohnt ein Abstecher zum **Miradouro do Cabouco** mit Weitblick in den Nordosten der Insel.

PRAIA DO ALMOXARIFE ② 🖼 C7

Der **Monte da Espalamaca** (130 m), ein schmaler, zum Meer hin über schroffer Steilküste auslaufender Bergrücken, trennt Horta von Praia do Almoxarife. Von einem Miradouro blickt man in beide Richtungen. Praia do Almoxarife ist Faials Badeparadies schlechthin – allerdings nur im Sommer bei ruhiger See. Im Winter rollt meist eine hohe Brandung an. Eine Promenade begleitet den dunklen Sandstrand, den längsten der Insel. Nördlich schließt die schmucke kleine **Praia dos Ingleses** an.

Quinta da Abegoaria €€
Drei Ferienhäuser in einem alten Gutshof, im klassischen Inselstil eingerichtet.
• Estrada Regional 16 | Pedro Miguel
 Tel. 292 949 819
 www.quinta-da-abegoaria.com

RIBEIRINHA 3 🏛 C7

Der Nordosten von Faial mit den Orten Pedro Miguel und Ribeirinha war von dem Erdbeben 1998 besonders stark betroffen. Kaum eines der kleinen alten Steinhäuser blieb stehen. Die Bewohner leben heute in Neubauten. Von den seismischen Erschütterungen verschont blieb der **Porto da Boca da Ribeira**, ein uriger Fischerhafen mit Seemannskapelle. Zu erreichen ist er von Ribeirinha auf dem Caminho do Porto. Neben dem Hafen kann man an einem felsigen Strand baden.

Am Heiliggeisttempel von Ribeirinha beginnt der Fußweg (1 km) zum ehemaligen Leuchtturm (*farol*) an der **Ponta da Ribeirinha.** Er ist seit dem Erdbeben außer Betrieb. Meer, Weiden und in der Ferne die Insel Graciosa liegen den Besuchern zu Füßen. Der Leuchtturm ist auch per Auto erreichbar, über eine schmale Höhenstraße am Meer entlang ab Espalhafatos.

CEDROS 4 🏛 B6

Das lang gezogene Straßendorf Cedros liegt hoch über dem Meer. Der **Núcleo Etnográfico** zeigt Gerätschaften traditioneller Landwirtschaft und Handwerkskunst (Ortsmitte, Schlüssel 50 m weiter in der Casa do Povo). Bei der Molkerei an der Hauptstraße, am westlichen Ortsausgang, zweigt ein Erdweg zur **Vigia dos Cedros** ab (10 Gehminuten), einem einstigen Walbeobachtungsposten auf der Ponta dos Cedros, in dem heute in der Saison ein Ausguck des Whalewatching-Anbieters Base Peter Zee › S. 107 stationiert ist.

Casa do Capitâo €€
Liebevoll restaurierte Bauernhäuser, fünf unterschiedlich und geschmackvoll dekorierte Zimmer mit Privatbad, rundherum ein idyllischer Garten mit verschiedenen Sitzplätzen. Familiär geführt, der portugiesische Hausherr spricht sehr gut Deutsch.
• Rua do Capitão 5 | Cedros
 Tel. 292 946 121 und 917 567 373
 www.casadocapitao.pt

AUSFLUG ZUM STRAND VON FAJÃ 🏛 A7

Die ER 1-1a windet sich von Cedros westwärts zur **Capela Nossa Senhora da Fátima.** Kurz darauf ist der **Miradouro da Ribeira Funda** – Ce-

Am Lavastrand von Fajã, einem der schönsten Faials, herrscht eine starke Sogwirkung

dros **5** B7 mit herrlicher Meerblick über das gleichnamige Tal hinweg erreicht. Picknicktische laden zur Rast ein.

Ein noch grandioserer Blick in die Baia da Ribeira das Cales und zum schwarzen Sandstrand von Fajã eröffnet sich am **Miradouro Ribeira das Cales**.

In **Praia do Norte 6** ▮ B7 steht die Kirche Nossa Senhora das Dores, die nach dem Vulkanausbruch von 1672 wieder aufgebaut wurde. Die verlassene Gegend westlich des Ortes heißt *Zona do Mistério,* denn für die Bevölkerung waren die frischen Lavaströme früher eine Welt voller Geheimnisse.

Eine Stichstraße führt durch dieses waldreiche Gebiet zur Sommerhaussiedlung **Fajã**.

In Fajã befindet sich zwar einer der schönsten Strände Faials. Wegen der SOGWIRKUNG sollte man an dieser dunklen, grobkiesigen Praia jedoch nur bei auf- **laufendem Wasser baden – und auch dann nur mit äußerster Vorsicht. › mehr S. 18 Punkt 45**

› mehr S. 18 Punkt 45

RESTAURANT

Rumar €

Hier gibt es noch die echten Inselgerichte, etwa *morcela com inhame* (Blutwurst mit Taro) oder gegrillte *lapas* (Napfschnecken), außerdem einen vorzüglichen hausgemachten Frischkäse (auch zum Mitnehmen). Weiter Atlantikblick. Do geschl.

• Estrada Regional 73
  Praia do Norte
  Tel. 292 945 170

CAPELO **7** ▮ A7

In Capelo werden Produkte der örtlichen Kunsthandwerker an der Hauptstraße im **Centro de Artesanato** präsentiert und verkauft (Alto dos Cavacos, meist Mo–Fr 10 bis 12.30, 14–19, Sa, So 14–17.30 Uhr).

Ambitionierte Wanderer finden am Ortsrand, nahe der Straße nach Praia do Norte, den Einstieg in einen ausgeschilderten »Walking Trail«, der in rund 2,5 Std. durch das bewaldete Vulkangebiet rund um den **Cabeço da Fonte** (488 m) führt. An der ersten Gabelung geht es links, an einer Abzweigung biegt man nach rechts ab. Später folgt man dem Schild »Caldeirão« und passiert nach steilem Abstieg den gleichnamigen Vulkankessel. Auf einer Piste hält man sich anschließend rechts und gelangt im Bogen zurück zum Ausgangspunkt.

VULCÃO DOS CAPELINHOS 9 A7

1957/58 wuchs die Insel Faial durch den untermeerischen Ausbruch des Vulcão dos Capelinhos im Westen um 1 km² an. Der Leuchtturm von 1903 steht nicht mehr an der Küste, sondern am Rand einer hellgrauen Aschewüste. Zugänglich ist der Turm durch das unterirdische **Centro de Interpretação do Vulcão**

💬 **CHRONIK DES VULKANAUSBRUCHS VON 1957/58**

- **16. September 1957:** Erdbeben Stärke 5 (Mercalli-Skala), erst im Osten von Faial, später auch im Westen. Mehr als 200 Erdstöße sind wahrnehmbar.
- **23. September 1957:** Vor dem Leuchtturm von Capelinhos beginnt der Atlantik zu kochen. Drei Tage später steigen Schlammfontänen bis in 1400 m Höhe aus dem Wasser, heiße Dampfwolken sogar bis 4000 m. Die Bewohner der umliegenden Dörfer werden evakuiert.
- **13. Oktober 1957:** Die Heftigkeit der Ausbrüche lässt nach. Weite Teile des Inselwestens sind unter einer bis zu eineinhalb Meter dicken Ascheschicht begraben und vor der Westspitze ist eine kleine Insel entstanden. Sie wächst am 12. November mit der Hauptinsel zusammen.
- **16. Dezember 1957:** Erstmals wirft der Vulkan auch Lava aus. In den Folgemonaten kommt es zu weiteren Asche- und Schlackeneruptionen.
- **12. Mai 1958:** Ein Erdbeben der Stärke 10 zerstört über 500 Häuser. Hunderte von Nachbeben sind z. T. auch auf Pico und São Jorge spürbar.
- **14. Mai 1958:** Aus der Caldeira von Faial dringen Schwefeldämpfe. Panische Angst bricht auf der Insel aus, doch nach ein paar Tagen beruhigt sich die Caldeira wieder. Dafür verstärken sich die Eruptionen vor der Westspitze.
- **2. September 1958:** Die USA genehmigen 1500 Visa für die Einwanderung von Landwirten aus Faial, deren Äcker durch den Vulkanausbruch unbrauchbar geworden sind.
- **21. Oktober 1958:** Der letzte Lavastrom ergießt sich aus dem Vulkan. Am 24. Oktober wird der letzte Schlackenauswurf registriert.
- **25. Oktober 1958:** Der Ausbruch ist zu Ende. Zwei kleine Felseilande sind unter der neu entstandenen Landspitze verschwunden. Das Meer beginnt, den jungen Vulkan zurückzuerobern, von dem heute nur noch ein Drittel der ursprünglichen Masse erhalten ist.

dos Capelinhos. Mit Schautafeln und Videos informiert das Besucherzentrum umfassend über den Ausbruch des Capelinhos und den Vulkanismus der gesamten Azoren. Mit Museumsshop und Cafeteria (http://parquesnaturais.azores.gov.pt, April–Okt. tgl. 10–18, sonst Di bis Fr 10–17, Sa 14–17.30 Uhr, Eintritt 10 €, nur ständige Ausstellung 6 €, Leuchtturm 1 €).

Den 127 m hohen Vulkan sollte man nicht besteigen. Die Naturparkverwaltung rät mittlerweile davon ab. Es ist äußerst gefährlich, sich den Steilabbrüchen am Rand zu sehr zu nähern, denn sie sind abrutschgefährdet. Außerdem werden die Seevögel, die am Gipfel brüten, durch Wanderer gestört. › mehr S. 19 Punkt ㊾ Als Alternative bietet sich die erste Etappe des Wanderwegs PR 6 FAI an, der ab dem Vulkanzentrum ausgeschildert ist.

VARADOURO 🟧8 📖 A7

Im Badeort Varadouro fügen sich die Wochenendhäuser, Restaurants und Naturschwimmbecken zu einem netten Ensemble zusammen. Seit dem Erdbeben von 1998 ist das alte Thermalbadehaus geschlossen.

Beim oberhalb an der ER 1-1a gelegenen **Arieiro** erholen sich die Inselbewohner bevorzugt an den Wochenenden in einem Forstpark.

RESTAURANT
Vista da Baia €€
An diesem sehr beliebten Ausflugsziel gibt es würzige Grillhähnchen. Mi geschl., im Winter nur Sa, So geöffnet.

Die Ponta dos Capelinhos

• Rua Ten. Simas | Varadouro
  Tel. 292 945 204

CASTELO BRANCO 🟧9 📖 B8

Der kleine Ort in der Nähe des Inselflughafens verdankt den Namen (»weißes Schloss«) einem markanten Felsklotz am Meer. Er besteht aus Rhyolith, sehr hellem Vulkangestein, und entstand bei einer untermeerischen Eruption in prähistorischer Zeit, die sich ähnlich wie der Ausbruch des Vulcão dos Capelinhos abgespielt haben dürfte.

HOTEL
Quinta das Buganvílias €€
Gutsanlage in einem Obstgarten, Zimmer im Haupthaus; Ferienwohnungen.
• Rua do Jogo 60 | Castelo Branco
  Tel. 292 943 255
  www.quintadasbuganvilias.com

PICO

Wie gefalteter Stoff erscheint die
»Stricklava« rund um eine alte
Kirche auf Pico

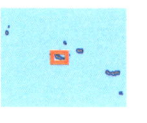

Mit 2351 m ist die Insel Pico gleichzeitig Portugals höchster Berg. Die Weinbaulandschaft auf der Insel mit ihren charakteristischen Trockenmauern aus Lavagestein ist UNESCO-Welterbe. Wanderer und Whalewatcher kommen gerne hierher.

Der Vulkankegel des **Pico** dominiert die gleichnamige Insel. Zu seinen Füßen erstreckt sich das von grünem Wacholdergebüsch überzogene Hochland mit einsamen Kraterseen. An der flachen Felsküste verteilen sich zwischen Weingärten beschauliche Dörfer. Pico ist bei Wanderern sehr beliebt. Auch für Walbeobachtung ist die Insel berühmt. Baden steht nicht im Vordergrund, es gibt aber schöne Felsbadeplätze und Strandbuchten. Die meisten Besucher übernachten im Hauptort **Madalena**, Whalewatcher stationieren sich auch gerne in oder bei **Lajes**. Für längere, geruhsame Aufenthalte eignet sich **Piedade** ganz im Osten. **São Roque** ist ein guter Standort für Wanderer oder dient als Sprungbrett für die Fährüberfahrt nach São Jorge.

TOUREN IN DER REGION

TOUR 10
INSELRUNDFAHRT KOMPLETT

ROUTE: Madalena › São Mateus › São João › Lagoa do Capitão › Lagoa do Caiado › Lajes do Pico › Piedade › Santo Amaro › São Roque do Pico › Zona de Adegas › Museu do Vinho

KARTE: Seite 120
LÄNGE: 2 Tage; 126 km
VERKEHRSMITTEL/STOPP:
- Den Wagen mieten Sie sich in Madalena.
- Übernachtet wird in Piedade.

TOUR-START:
Start und Ziel der Rundfahrt ist die wichtigste Stadt der Insel, **Madalena** **1** › S. 122. An der Küste entlang fahren Sie unterhalb der beeindruckenden, von dunklen Lavaströmen durchzogenen Südflanke des Pico. Nach rund 12 km ist mit **São Mateus** **3** › S. 127 ein Dorf der Kunsthandwerker erreicht. Etwa genauso weit ist es dann nach **São João** **4** › S. 127, wo der schmackhafte Pico-Käse hergestellt wird.

Ein Abstecher ins Hochland führt nun zu den stillen Kraterseen **Lagoa do Capitão** › S. 130 und **Lagoa do Caiado** › S. 130 in faszinierender Kraterlandschaft. Dann geht es wieder hinunter an die Südküste, wo **Lajes do Pico** **5** › S. 128 auf dem Programm steht, mit Lunch und einem Besuch im **Museu dos Baleeiros,** dem Walmuseum. Die geruhsame Weiterfahrt durch liebliche Küstendörfer endet schließlich am Abend in **Piedade** 6 › S. 128 ganz im Osten der Insel.

Aussichtsreich ist am nächsten Tag die Straße an der Nordküste. Ganz im Zeichen des Kunsthandwerks steht wiederum der Besuch in **Santo Amaro** 7 › S. 128.

Mittags ist **São Roque do Pico** 9 › S. 130 erreicht, in dessen Nähe sich die Badeanlage Furna de Santo António zum Erfrischen anbietet. Zur Einkehr empfiehlt sich dort das Lokal O Rochedo. Malerische Weinbauerndörfer prägen die **Zona de Adegas** › S. 124. Ein Besuch im **Museu do Vinho** › S. 122 bei Madalena könnte als Abschluss der Rundtour genau das Richtige sein.

TOUR 11

AUF DEN SPUREN DER WALFÄNGER

ROUTE: Lajes do Pico › Ponta da Queimada › Cais do Pico › São João

KARTE: Seite 120
LÄNGE: 2 Tage; Fahrstrecke: 1. Tag: 53 km; 2. Tag: 13 km
VERKEHRSMITTEL/STOPP:
• Den Mietwagen besorgen Sie sich in Madalena oder São Roque.
• Sonst ist Lajes do Pico Ausgangs- und Endpunkt der Tour
• In Lajes können Sie eine Übernachtung einplanen.

TOUREN AUF PICO

TOUR 10
INSELRUNDFAHRT KOMPLETT

Madalena › São Mateus › São João › Lagoa do Capitão › Lagoa do Caiado › Lajes do Pico › Piedade › Santo Amaro › São Roque do Pico › Zona de Adegas › Museu do Vinho

TOUR 11
AUF DEN SPUREN DER WALFÄNGER

Lajes do Pico › Ponta da Queimada › Cais do Pico › São João

Porto Cachorro · Lajido · Arcos
Cabrito
Queimada
Zona de Adegas
Santa Luzia
Museu do Vinho
Cabeço · Bandeiras · Canto
Faial · Horta · Canal do Faial · Madalena · Santo António
START 1
Areia Larga
Quinta das Rosas
Criação Velha
Gruta das Torres
Monte 135
Pocinho
Calhau · Monte
Furna de Frei Matias
EN-3
Pico 2351
ER-1
Casa de Apoio
Candelária
Campo Raso
Guindaste
São Mateus
São Caetano
Mistério de São João
10
3
Porto da Prainha

ATLANTISCHER OZEAN

TOUR-START:

Der erste Tag beginnt mit einem Besuch im **Museu dos Baleeiros** in
Lajes do Pico ▮5▮ › S. 128, wo man
sich in die Zeit zurückdenken kann,
in der Pico die Insel der Walfänger
war. Anschließend können Sie in
der Vigia an der **Ponta da Queimada** › S. 128 einem Walausguckpos-
ten über die Schulter schauen. Nach
dem Mittagessen in Lajes, z. B. im
Restaurant Lagoa, geht es quer über
die Insel zur Nordküste, wo die
ehemalige Walfabrik in **Cais do
Pico** › S. 130 heute Museum ist.

　Am zweiten Tag stechen Sie ab
Lajes zum Whalewatching in See.
Die angebotenen Touren führen die
Bootspassagiere in die Nähe der
großen Meeressäuger. Nachmittags
bleibt noch Zeit für einen Besuch
im **Centro de Artes e de Ciências**

do Mar › S. 128, wo Sie die gewonne-
nen Erkenntnisse über Wale und
Delfine vertiefen können.

VERKEHRSMITTEL

- **Flughafen:** Der Aeroporto do Pico (PIX)
  liegt 8 km östlich von Madalena (Taxi ca.
  I2 €). SATA Air Açores fliegt ca. 1 × tgl.
  von Pico nach Ponta Delgada (São Miguel) und Terceira. Keine Flüge nach
  Faial und São Jorge.
- Schiffsverbindungen. Atlânticoline
  (www.atlanticoline.pt) betreibt Personen-
  und Autofähren ganzjährig bis zu 8 ×
  tgl. zwischen Madalena und Horta (Faial)
  sowie seltener von Madalena oder São
  Roque nach Velas (São Jorge). Größere
  Autofähren verkehren Mai–Mitte Sept. zu
  den anderen Inseln des Archipels.
- **Busse:** Ab Madalena verkehren Busse
  auf der Nordroute (São Roque – Santo
  Amaro – Piedade) und der Südroute (São

Mateus – Lajes – Ribeirinha) Mo–Sa
mehrmals tgl., So 1 × tgl.
Fahrplan: www.cristianolimitada.pt

WICHTIGE ADRESSEN
Offizielles Infobüro:
Posto de Turismo
• Gare Marítima da Madalena

Im Fährterminal des Hafens
9950-329 Madalena
Rua Dr. Freitas Pimentel 2
Tel. 292 623 345

Büro der Fluggesellschaft SATA:
• Rua D. Maria da Glória Duarte
Madalena | Tel. 292 628 391 | www.sata.pt

UNTERWEGS AUF PICO

MADALENA 1 C8

Picos wichtigster Ort (2000 Einw.)
ist eine angenehme Kleinstadt. An
den alten Hafen grenzt der Hauptplatz, Largo Cardeal Costa Nunes,
mit der weißen **Igreja Santa Maria
Madalena.** Daneben legen die Fähren von Faial und São Jorge an. Ein

Stück weiter am neuen Kai liegen
die Boote Thunfischfänger.
　Im Obergeschoss des **Posto de
Turismo** › oben bei der alten Fischmarkthalle werden Modelle zum
Leben und Lebensraum der Pottwale und Tintenfische gezeigt. Sie
stammen aus dem Vermächtnis des
verstorbenen englischen Meeres-
biologen Dr. Malcolm Clarke, der
viele Jahre in São João › S. 127 zu
Hause war. Ein Großteil seiner
Sammlung fiel vor einigen Jahren
einer Sturmflut zum Opfer.
　Sehenswert ist der moderne
Stadtpark **Jardim dos Maroiços,**
der rings um einen riesigen, pyra-
midenförmigen Steinhügel angelegt
wurde. Etliche dieser *maroiços* sind
rund um Madalena zu finden. Sie
wurden von fleißigen Händen auf-
geschichtet, um die kleinen Weinfelder von Lavabrocken zu befreien.
　An der Straße zum Flughafen logiert in einem romantischen Kar-
meliterkonvent aus dem 17. Jh. das
Museu do Vinho 10 . Das Weinmuseum dokumentiert mit Gerätschaften und alten Fotografien Interessantes rund um den berühmten

Der alte Hafen von Picos wichtigstem Ort
mit der Igreja Santa Maria Madalena

Verdelho und andere Weine, deren Trauben auf winzigen, von Trockensteinmauern geschützten Parzellen im Umland reifen (Rua do Carmo, www.museu-pico.azores.gov.pt, April–Sept. Di–So 10–17.30, sonst 9.30–17 Uhr, Eintritt 2 €, So frei). In der Nähe stehen riesige Drachenbäume *(dragoeiros)*. Deren rotes Harz war früher als »Drachenblut« ein begehrter Farbstoff.

Ein Spaziergang von ca. 1,5 Std. führt vom Zentrum zur oberhalb der Stadt am Waldrand gelegenen **Quinta das Rosas.** Der idyllische Park wird von der Forstbehörde gepflegt (tagsüber frei zugänglich).

Südlich der Stadt, beim Dorf Criação Velha, wurde mit der erst 1990 entdeckten **Gruta das Torres** die größte Lavahöhle Portugals erschlossen. Die fast 4,5 km lange Hauptröhre ist bis zu 15 m hoch. Im Besucherzentrum wird ein Film gezeigt, dann geht's in Begleitung eines Führers auf den abenteuerlichen Rundweg (60–90 Min.). Die max. 15 Teilnehmer bekommen je eine Taschenlampe und einen Helm. Wanderstiefel werden empfohlen (Caminho da Gruta das Torres, Tel. 924 403 921, http://parquesnaturais.azores.gov.pt, Führungen 2–6 × tgl. (Nov.–März nur Di–Sa), mind. 2 Tage (Hochsommer besser 14 Tage) vorher anmelden, Eintritt 8 €).

HOTELS

Pocinhobay €€€
Wunderschön gelegene Design-Ferienanlage im Stil eines traditionellen Weinguts von Pico in der Kiesstrandbucht von Pocinho. Es gibt nur sechs Zimmer, die bewusst dunkel gehalten sind. Kein Restaurant, ein Mietwagen ist zu empfehlen.
• Monte | 5 km südlich von Madalena
Tel. 292 629 135 | www.pocinhobay.com

Hotel Caravelas €€
Der moderne Bau in Hafennähe ist das einzige größere Hotel der Insel. Alle Zimmer mit kleinem Balkon und Meerblick. Mit Außenpool, nur Frühstück, kein Restaurant.

BADEPLÄTZE AUF PICO

• Die **Piscina Municipal** im Süden von **Madalena** um einen natürlichen Felspool hat sanitäre Einrichtungen und eine Terrassenbar (Rua A. Herculano, Mitte Juni–Mitte Sept.).

• Die romantische Felsbucht von **Pocinho,** 5 km südlich von Madalena, besitzt einen Kiesstrand und eine Badeplattform. Duschen sind vorhanden. ▶ S. 123, 124

• Der **Porto de São Caetano** wird kaum noch als Fischerhafen, dafür aber mit dem angrenzenden Sandstrand **Prainha do Galeão** als Badeplatz genutzt. Duschen und Café sind vorhanden.

• Die kleine, sandige **Praia do Canto da Areia** bei Prainha wartet mit einer Beach Bar auf. ▶ S. 129

• Das städtische Schwimmbad von **São Roque do Pico** am Jardim Municipal ist ein Naturbadebecken. Eintritt frei. ▶ S. 130

• Die Bucht von **Furna de Santo António,** westlich von Cais do Pico, besitzt ein Naturschwimmbecken. Nebenan gutes Restaurant. ▶ S. 130

- Rua Conselheiro Terra Pinheiro 3
  Madalena | Tel. 295 412 500
  www.hotelcaravelas.com.pt

RESTAURANTS

O Ancoradouro €€€
Hervorragendes Fischlokal, 1,5 km südlich vom Stadtzentrum von Madalena gelegen. Mo geschl. › mehr S. 15 Punkt ⓳

- Rua Rodrigo Guerra 7
  Areia Larga | Tel. 292 623 490

A Parisiana €€
Schöner Blick von der Terrasse auf Faial, azorische Küche. Mittags, z. T. auch abends, gibt es ein Buffet.

- Rua A. Herculano 11 | Madalena
  Tel. 292 623 771 | Di geschl.

Atlântico Teahouse €
Angesagtes Kaffeehaus und Weinstube, aber es gibt auch kleine Gerichte: Pizza, Pasta, Salate. Mo geschl.

- Rua João de Lima Whitton | Areia Larga
  Madalena | Tel. 912 238 943

NIGHTLIFE

Cellar Bar
Ein architektonisches Schmuckstück aus Holz, einem Schiff nachempfunden. Oben auf dem Sonnendeck genießt die Szene ihren Cocktail mit Blick auf Faial.

- Lugar da Barca | Madalena

AUSFLÜGE AB MADALENA

CALHAU ② ▮ C8
An die Küste vor Criação Velha führt eine Wanderung (1,5 Std.), die mit Badepausen beliebig kombinierbar ist. Aus Madalena heraus geht es Richtung Süden auf einer Nebenstrecke durch Wohngebiete. Sobald die Straße landeinwärts abbiegt, läuft man geradeaus am felsigen Meeresufer weiter. Ein Abstecher auf einem von Mauern gesäumten Feldweg ist auf Höhe Criação Velha möglich, wo der **Moinho do Frade,** eine historische Windmühle, im Sommer manchmal zu besichtigen ist. Wieder an der Küste, dehnen sich linker Hand Weinfelder aus. Bald wird eine hübsche Badestelle passiert. Anschließend ist der **Monte** (135 m) landeinwärts zu umgehen. An seiner Südflanke läuft man rechts zur Strandbucht Pocinho und weiter bis **Calhau.**

ZONA DE ADEGAS ▮ D7
An der Küste nördlich von **Santa Luzia** liegt die Zona de Adegas mit einer Reihe idyllischer Weinorte, deren einfache Basaltbauten nur im Sommer bewohnt sind. In ihren kühlen Räumen werden Weinfässer gelagert und die für den Privatbedarf gekelterten Tropfen auch gleich an Ort und Stelle genossen.

Wild donnern die Wellen bei **Porto Cachorro** in ein Labyrinth aus bizarren Basaltformationen, durch das kurze Wege führen. *Cachorro* bedeutet Hund. Ein solcher wacht als erstarrte Lavaskulptur über den Hafen. › mehr S. 18 Punkt ㊴ Schwarz glitzern die Felsen an der Ponta Negra bei **Arcos,** während weiße Mauerfugen dem Ort sein typisches Bild geben. Die nur 50 Häuser von **Cabrito** stehen neben einem unwirtlichen Lavafeld.

WEINBAU AUF LAVA

Der Weinbau auf der Azoreninsel Pico ist Weltkulturerbe

Zu Schiff aus Madeira kam Pater Frei Pedro Gigante 1460 nach Lajes do Pico. Er brachte Setzlinge der Rebsorte Verdelho mit, aus deren Trauben bis heute Weißwein gewonnen wird. Großen Aufschwung nahm die Rebkultur nach den Vulkanausbrüchen von 1719. Zugewanderte Bauern aus Terceira, Nordportugal und Flandern verwandelten Lavafelder in fruchtbare Weinterrassen. Dazu musste der Boden vom gröbsten Gestein befreit werden. Besonders im Westen Picos fallen heute noch die dabei entstandenen großen Steinhaufen *(moroiços)* auf. Zudem wurden Trockensteinmauern rund um die Felder gezogen. Sie schützen die Weinstöcke vor den teils sehr heftigen Winden und der salzigen Meeresgischt und sorgen für gleichbleibend hohe Temperaturen im Boden, da sie die Sonnenwärme für die Nacht speichern. 2004 nahm die UNESCO dieses Kunstwerk der Agrar-Architektur in die Liste des Welterbes auf.

Die Trauben liefern einen alkoholreichen Wein. Jahre der Reife verwandeln ihn in einen Aperitif, der im 19. Jh. nach Europa und Amerika ausgeführt wurde und selbst an der Tafel der russischen Zaren Anklang fand. Rund 15 000 Fässer produzierte man pro Jahr, bis Schädlingsbefall den Weinbau fast ruinierte. Heute erholt er sich langsam wieder mit neuen Sorten und Produktionsmethoden. Qualitativ hochwertige Weine sind der weiße Terras de Lava und der rote Basalto, beide abgefüllt von der Cooperativa Vitivínicola da Ilha do Pico in Madalena (www. facebook.com/picowines).

Windmühle auf der Insel Pico mit typischer roter Kuppel

FURNA DE FREI MATIAS 📖 D8

Sanft steigt die ER 3 von Madalena Richtung Osten an, auf den mächtigen Kegel des Pico zu. Rechter Hand liegt nach ca. 8 km eine Wiesenparkbucht. Von Feldern umgeben, öffnet sich hinter einem Viehgatter der Eingang zur **Furna de Frei Matias**. Der schmale Lavatunnel ist mehrfach blasenartig nach oben aufgebrochen. Geheimnisvoll wirken die mit Moos und Farn bewachsenen Eingänge. Ein kurzes Stück ist begehbar, festes Schuhwerk und möglichst eine Taschenlampe vorausgesetzt. Wer mit dem Taxi gekommen ist, kann jetzt auf bequemen Wegen 600 Höhenmeter zu Fuß nach Madalena absteigen, erst auf der Straße abwärts bis zur folgenden Linkskurve und einen Feldweg rechts hinab. Der Weg quert die Straße nochmals und verläuft dann fast gerade bis zu einem asphaltierten Querweg. Auf diesem hält man sich rechts, gleich wieder links und weiter bergab.

Auf einem weiteren asphaltierten Querweg geht es etwa 30 Min. später nach rechts zu einer Straße, auf dieser ein kurzes Stück links und bei einem großen Steinhaufen rechts auf einem gewundenen Fahrweg zwischen zwei kleinen Vulkankegeln hindurch. Dann gelangt man zur **Quinta das Rosas** › S. 123 und steigt an der Rückseite auf einem lauschigen Waldweg bis zur ER 1 am oberen Rand von Madalena ab.

WANDERUNG AUF DEN PICO ⭐ 📖 D8

Eines der aufregendsten Azorenerlebnisse verspricht die sechsstündige Tour zum höchsten Gipfel Portugals, dem **Pico** (2351 m). Der Aufstieg ist aus Sicherheitsgründen nur nach vorheriger Anmeldung erlaubt. › mehr S. 19 Punkt **50** Diese erfolgt in der 1200 m hoch am Ende einer schmalen Zufahrtsstraße gelegenen **Casa da Montanha,** die auch eine vulkanologische Ausstellung zeigt (ab ER-2 ausgeschildert, Tel. 967 303 519, Juni–Sept. tgl. rund um die Uhr, Mai und Okt. Fr 8–So 20 Uhr durchgehend, Mo–Do 8–20, Nov.–April tgl. 8–18 Uhr, Eintritt frei). Hier beginnt der Aufstiegsweg **PR 4 PIC Montanha** mit drei Varianten: einer kurzen Tour zum 40 m tiefen Vulkanschlot **Furna Abrigo** (Gebühr 2 €), dem Aufstieg zum Krater des Pico (10 €, bei Teilnahme an einer geführten Tour 5 €) und dem Aufstieg vom Krater zum eigentlichen Gipfel, dem kleinen Vulkankegel **Piquinho** (zusätzlich 2 €). Der Weg ist durch die Vulkanasche sehr rutschig und bei Negel schwer zu finden.

Wer es nicht riskieren möchte, sich zu verlaufen, kann an einer geführten Tour teilnehmen (z. B. über Vista Verde Azores, www.vista-verde-azores.com). Die Zahl der zugelassenen Wanderer pro Tag ist auf 160 begrenzt. In der Hochsaison rechtzeitig reservieren: http://servicos-sraa.azores.gov.pt/gamp/.

SÃO MATEUS **3**   D9

Schon Ende des 15. Jhs. wurde die Siedlung an der milden Südküste von Pico angelegt. 1572 war das Gründungsjahr der Pfarrkirche, die dem hl. Matthäus geweiht ist. Im 19. Jh. wurde der Bau erweitert, um den gewachsenen Pilgerstrom aufnehmen zu können, der jedes Jahr am 6. August São Mateus aufsucht, um den Wundertätigen Christus *(Bom Jesús Milagroso)* zu verehren.

SHOPPING
Picoartes
São Mateus ist Zentrum des traditionellen Kunsthandwerks. Ältere Frauen im Ort widmen sich noch dem Häkeln *(crochet)* oder Sticken *(bordado)*. Ihre Produkte stehen hier zum Verkauf.
• Rua Mãe de Deus | São Mateus
  www.picoartes.com

SÃO JOÃO **4**   E9

Charakteristisch für Pico sind die sog. *mistérios* (»Geheimnisse«). Diese dunklen Lavaströme, die sich von den Flanken des vulkanischen Inselgebirges Richtung Meer wälzten und unterwegs zu bizarren Gesteinsfeldern erstarrten, stellten die frühen Siedler vor ein Rätsel.

São João ist gleich von zwei dieser Mistérios umgeben, die 1718 entstanden und damals große Teile des Ortes zerstörten. Heute sind die Lavafelder dicht mit Wald und Gebüsch bedeckt. Im **Mistério de São João** westlich des Ortes lädt ein Forstpark mit Tiergehege und Grillstellen zum Picknick ein.

SHOPPING
Sociedade de Produção de Lacticínios
Hier wird der leckere Pico-Käse direkt ab Molkerei verkauft › S. 55.
• Rua Principal (Durchgangsstraße, gegenüber vom Rathaus) | São João

LAJES DO PICO 5 📱 E9

1987 wurde der letzte Pottwal in Lajes an Land gezogen. Die alte Walfabrik SIBIL am westlichen Ortseingang firmiert heute als **Centro de Artes e de Ciências do Mar.** Hier stehen die Maschinen, die zum Zerlegen und Aufbereiten der Wale dienten (Mo–Fr 10–18, Sa/So 10 bis 12.30, 13.30–18 Uhr, Eintritt 3 €).

Schräg gegenüber am Hafen steht das restaurierte **Forte de Santa Catarina,** die einzige erhaltene Festung auf Pico (Ende 18. Jh.). Schon 1885 war sie nutzlos geworden. Ein Kalkofen wurde hineingebaut, um den von der Insel Santa Maria angelieferten Kalk zu brennen.

In den ehemaligen Bootshäusern der Walfänger zeigt das **Museu dos Baleeiros** ein Fangboot mit Originalwerkzeugen, Fotos aus der Walfangära und Produkte, die aus dem Pottwal gewonnen wurden. Scrimshaws › S. 48 und eine Schmiede für Lanzen- und Harpunenspitzen sind zu sehen (Rua dos Baleeiros 13, April–Sept. Di–So 10–17.30, sonst 9.30 bis 17 Uhr, Eintritt 2 €).

Etwas außerhalb, an der **Ponta da Queimada,** die die Südspitze von Pico bildet, steht unterhalb der Straße das weiße Häuschen der doppelstöckigen **Vigia da Queimada** (Walausguck › S. 42). bei guter Sicht sind in einem 200-Grad-Radius bis zu 35 km entfernte Wale zu sehen.

INFO

Posto de Turismo

Hier werden auch Kunsthandwerk und Bücher über die Azoren verkauft (Mo, Di, Do, Fr 9–17.30, Mi 9–12, 13.30–17.30 Uhr).

• Rua do Castelo | Lajes do Pico
  Tel. 292 672 486 | www.cm-lajesdopico.pt

HOTELS

Hotel Aldeia da Fonte €€

Schöne Anlage im traditionellen Baustil, ca. 4 km westlich von Lajes zwischen Weinbergen direkt am Meer.

• Caminho de Baixo 2 | Silveira
  Tel. 292 679 500 | www.aldeiadafonte.com

Whale' come ao Pico €

Das kommunikative Gästehaus gehört zur Walbasis von Espaço Talassa › S. 43. Fast alle Zimmer mit Meer- und Pico-Blick.

• Rua dos Baleeiros | Lajes do Pico
  Tel. 292 672 010 | www.espacotalassa.com

RESTAURANT

Lagoa €

Im Sommer mittags meist Buffet.

• Largo de São Pedro 2 | Lajes do Pico
  Tel. 292 672 272

💬 **ENDE DES WALFANGS**

Der Beruf des Walfängers – einst wichtiger Nebenverdienst für viele Familien – gehört auf den Azoren der Vergangenheit an. Noch in den 1950er-Jahren zogen die Azorianer rund 700 Pottwale jährlich an Land, davon mehr als 200 auf Pico. Dann ließ zuerst der Ersatz des Waltrans durch Petroleum das Geschäft zurückgehen. Später ächteten Naturschutzorganisationen weltweit die Waljagd. 1987 stellten die Azorianer freiwillig den Walfang komplett ein.

PIEDADE 6 ▮ G9

Piedade (900 Einw.) lohnt wegen des romantischen **Parque Matos Souto** mit Picknicktischen und Bänken den Besuch. Um den Ort gedeiht der Taro *(inhame)* mit riesigen Blättern. Seine stärkehaltige Wurzel wird gekocht als Beilage zu Räucherwurst gegessen.

An der ER 1 Richtung Santo Amaro liegt 6 km westlich der spektakuläre **Miradouro Terra Alta.** Aus 415 m Höhe über dem Atlantik blickt man auf São Jorge.

HOTELS

L'Escale de l'Atlantic €€
Landgasthaus unter französischer Leitung im Ortsteil Calhau. Wohnen mit Meerblick, Charme und Ruhe. Mitte Mai–Mitte Sept.
• Morro de Baixo | Piedade
  Tel. 292 666 260 | www.escale-atlantic.com

O Zimbreiro €€
Hotel inmitten unverbrauchter Natur, von Belgiern geleitet. Von der Terrasse bietet sich ein unvergleichlicher Meerblick. Abendessen auf Vorbestellung; örtliche Produkte oder Bioqualität. Gut eingerichtete Zimmer, Süßwasserpool.
• Caminho do Cruzeiro 83 | Piedade
  Tel. 292 666 709 | www.zimbreiro.com

Pico Holiday Chalets €
Leslie und Oliver Dittmers aus Hamburg vermieten drei Ferienhäuser und ein Apartment auf ihrem Landgut, wo sie selbst Obst und Gemüse anbauen. Organisation von Wanderungen, Whalewatching, Segeln und Tauchen.
• Caminho do Calhau 37 | Piedade
  Tel. 292 666 599 | www.picourlaub.de

PONTA DA ILHA ▮ G9

Zwischen Piedade und Fetais biegt von der ER 1 ein Fahrweg nach Manhenha mit winzigem Naturschwimmbad und weiter zur Ponta da Ilha ab, dem östlichsten Punkt von Pico mit Leuchtturm. Weinparzellen überziehen die flachen Küstenhänge, im Sommer beleben sich die Adegas (Weinkellereien).

RESTAURANT

Ponta da Ilha €
Familiär geführtes Lokal mit rustikaler Note. Den Fisch fängt der Wirt selbst.
• Caminho de Baixo | Manhenha
  Tel. 292 666 708 | Mo geschl.

SANTO AMARO 7 ▮ F8
UND PRAINHA 8 ▮ F8

Geschäftigkeit herrscht in **Santo Amaro** in der **Escola Regional de Artesanato,** wo Techniken traditionellen Kunsthandwerks vermittelt werden. Eine Ausstellung macht mit dem bäuerlichen Leben früherer Zeiten bekannt. Der angeschlossene Laden bietet Blumengebilde aus Feigenmark oder Fischschuppen, Figuren aus Maisblättern und handgestickte Decken (Rua Mar, Mo–Fr 9–18, Winter bis 17 Uhr, z. T. auch Sa, So, Eintritt frei).

Eine Nebenstrecke folgt von Santo Amaro der Küste in die zweitälteste Ortschaft im Norden von Pico, **Prainha do Norte.** Prunkvoll vergoldete Altäre sind der Schmuck der **Igreja de Nossa Senhora da Ajuda** (18. Jh.). Die ER 1 quert Richtung

Westen den **Mistério de Prainha,** ein Lavafeld von 1562. Hangaufwärts liegt das Picknickgelände **Parque Florestal.** Im Steinhaus neben der Grillstation steht eine traditionelle Ochsenmühle *(atafona).*

RESTAURANT

Canto do Paço €€€

Gute regionale Küche in renoviertem altem Natursteinhaus, gepflegter Rahmen.
- Rua do Ramal 4 | Prainha
  Tel. 292 655 087

SÃO ROQUE DO PICO 9 ▮ E8

In der alten Walfängerstadt mit dem Fährhafen **Cais do Pico** bilden heute Thunfischfang und Milchwirtschaft die ökonomische Grundlage. An den Kaimauern arbeitete einst die walverarbeitende Fabrik, die nun als **Museu da Indústria Baleeira** ein interessantes Zeugnis der Industriekultur darstellt. Der Speck wurde in drei Kesseln mit dem Dampf zweier Hochöfen ausgelassen, Fleisch, Innereien und Knochen im Ofen getrocknet, dann gepresst und zu Dünger und Tierfutter vermahlen (Praçeta dos Baleeiros, www.museu-pico.azores.gov.pt, April–Sept. Di–So 10–17.30, sonst 9.30–17 Uhr, Eintritt 2 €).

HOTELS

Casa das Barcas €€

Stilvoll renoviertes Stadthaus mit vier Zimmern und romantischem Garten. April–Okt.
- Rua do Cais 15 | São Roque do Pico
  Tel. 292 642 847 www.cazasdopico.com

Casa do Comendador €€

Landhaus aus dem 19. Jh., acht freundliche Komfortzimmer, ruhig.
- Rua de Baixo 17 | São Miguel Arcanjo
  Tel. 292 642 950
  www.casadocomendador.com

RESTAURANT

O Rochedo €

Vor dem Essen lockt ein Bad im Naturschwimmbecken. Inselspezialitäten sind das Maisfladenbrot und *linguiça com inhames,* gebratene Räucherwurst mit Taro.
- Rua da Furna 7 | Santo António
  Tel. 292 644 487 | Mo geschl.

DIE KRATERSEEN DES HOCHLANDS ▮ E8–F9

Von der ER 2 São Roque–Lajes zweigt nach Erreichen des zentralen Hochlands die ER 3 nach Madalena ab. Der Kratersee **Lagoa do Capitão** liegt 2 km etwas nördlich der Straße am Fuß des Lomba (861 m).

Zurück auf der ER 2, hält man sich weiter südwärts. Bald zweigt eine schmale Nebenstraße zur **Lagoa do Caiado** ⭐ ab. Dieser idyllische See liegt inmitten einer bewegten Kraterlandschaft. › mehr S. 15 Punkt ㉒ Nord- und Südküste sind von hier aus gleichzeitig im Blick. Zu den höchsten Punkten zählt der **Pico do Topo** (1007 m).

Das grüne Wasser der ca. 900 m hoch gelegenen **Lagoa do Peixinho** füllt ein weiteres Kraterbecken. Der Fahrweg (an einer Gabelung links halten) verläuft dann an der Nordseite des Höhenrückens. Allmählich geht es bergab nach Piedade › S. 129.

SÃO JORGE

Blick über blühende Hortensienhecken von São Jorge auf den Pico
auf der gegenüberliegenden Insel

Die lang gestreckte Insel, bekannt für Ihren Käse, ist vor allem ein Wanderparadies. Eine Besonderheit sind die Schwemmlandstreifen (Fajãs) unterhalb der Steilküste, auf denen ein besonders mildes Klima herrscht.

São Jorge ist ein lang gestreckter Bergrücken mit einer Reihe erloschener Vulkankegel. Bis zum höchsten Gipfel, dem **Pico da Esperança** (1053 m), grasen Kühe und liefern die Milch für den weithin bekannten Käse. Wanderer fühlen sich auf der ruhigen Insel besonders wohl. Die schönsten Wege mit herrlichen Ausblicken führen hinunter zu den schmalen Küstenebenen *(fajãs)* mit ihrem milden Klima.

Quartier beziehen die meisten Besucher in **Velas,** das mehr Urbanität bietet als **Calheta.** Hübsche ländliche Quartiere gibt es in anderen Inselorten. Die Bademöglichkeiten beschränken sich auf schmale Strände und winzige Fischerhäfen an den Küstenebenen.

TOUREN IN DER REGION

INSELRUNDFAHRT KOMPAKT

> **ROUTE:** Velas › Urzelina › Manadas › Calheta › Fajã dos Vimes › Fajã dos Cubres › Beira › Pico da Velha
>
> **KARTE:** Seite 134
> **LÄNGE:** 1 Tag; 106 km
> **VERKEHRSMITTEL:**
> • Mietwagen oder Taxi.

TOUR-START:
Von **Velas** **1** › S. 133 aus geht es über die Südküstenorte **Urzelina** **3** › S. 136 und **Manadas** **4** › S. 137 in

die zweite Hafenstadt von São Jorge, **Calheta** **5** › S. 137. Viele Sehenswürdigkeiten gibt es nicht am Weg, dafür gefällt die unverdorbene Kulturlandschaft. Dies gilt vor allem für den weiteren Küstenverlauf, wo ein Abstecher zur abenteuerlich gelegenen **Fajã dos Vimes** **7** › S. 138 führt. Die Siedlung liegt spektakulär unterhalb der Steilküste.

Zurück bei Calheta, wird der zentrale Bergrücken überquert. Ein weiterer Abstecher führt zur wohl berühmtesten Küstenebene von São Jorge, der **Fajã dos Cubres** **11** › S. 139. Oberhalb der Steilküste geht es durch Weidegebiete nach **Beira** › S. 135, dem Käseort der Insel.

Schließlich können Sie einen Abstecher zum Aussichtsgipfel **Pico da Velha** › S. 135 machen und den weiten Blick Richtung Velas genießen.

TOUR 13

DIE SCHÖNSTEN WANDERUNGEN

ROUTE: Parque das Sete
Fontes › Ponta dos Rosais › Fajã dos
Cubres › Pico da Esperança

KARTE: Seite 134
LÄNGE: 3 Tage; Fahrstrecke/ Wan-
derzeit: 1. Tag: 22 km/ 4 Std., 2. Tag:
70 km/4 Std., 3. Tag: 44 km/4,5 Std.
VERKEHRSMITTEL:
• Taxi, 1. Tag Mietwagen möglich.

TOUR-START:

Auf der ersten Wanderung, vom
Parque das Sete Fontes zur **Ponta dos Rosais** › S. 136 im äußersten
Westen der Insel, sind kaum Hö-
henunterschiede zu bewältigen. Si
cheren Tritt hingegen erfordert der
steile Abstieg zu den Küstenebenen
des Nordens und zur **Fajã dos Cubres** 11 › S. 139. Die Gipfel des **Pico
da Esperança** › S. 139 erschließt

eine mittelschwere Höhenwanderung (ca. 4,5 Std.).

VERKEHRSMITTEL

• **Flughafen:** Auf São Jorge (SJZ) liegt er
7 km südöstlich von Velas (kein Bus, Taxi
ca. 8 €). SATA Air Açores fliegt 1 × tgl.
nach Ponta Delgada (São Miguel) und
Terceira.
• **Schiffsverbindungen:** Personenfähren
und kleine Autofähren von Atlânticoline
(www.atlanticoline.pt) fahren ganzjährig
von Velas nach São Roque (Pico), Madalena (Pico) und Horta (Faial). Hinzu kommen von Mai–Sept. größere Autofähren
zu anderen Inseln, nach Flores/Corvo nur
Ende Juli/Aug.
• **Busse:** Von Velas 1–3 × tgl. (außer So)
nach Calheta, z. T. bis Topo. Außerdem
Mo–Fr 1 × tgl. nach Rosais und Sa 1 × tgl.
nach Manadas.

WICHTIGE ADRESSEN

Infobüro: Posto de Turismo
• Rua Dr. J. Pereira 3 | Velas
Tel. 295 412 440

Büro der Fluggesellschaft SATA
• Rua Maestro Francisco de Lacerda 40
Velas | Tel. 295 430 351
Fluginfos: www.sata.pt

UNTERWEGS AUF SÃO JORGE

VELAS 1 📖 F6

Seit 1799 empfängt das **Portão do
Mar, ein** Teil der alten Stadtmauer,
die Besucher, die im Hafen der
Hauptstadt (2000 Einw.) an Land
gehen. Die **Igreja Matriz de São**
Jorge wurde im 17. Jh. über einer
Kirche von 1460 errichtet, die Hein-
rich der Seefahrer hatte erbauen
lassen. Im geschnitzten, vergoldeten
Altar (16. Jh.), einem Geschenk von
König Sebastião, steht Sankt Georg,
der Namenspatron der Insel.

HOTELS

Hotel São Jorge Garden €€
Meeresrauschen und Blick zum Pico.
• Rua Machado Pires | Velas
  Tel. 295 412 500
  www.hotelcaravelas.com.pt

Soares Neto €
Familiäre Unterkunft in einem alten Handelshaus am Hafen von Velas; mit Pool.
• Rua Dr. J. Pereira 12 | Velas
  Tel. 295 412 403
  www.hotelsoaresneto.com

RESTAURANTS

Açor €€
Fisch- und Fleischspezialitäten vom Grill.

• Rua da Matriz 41 | Velas
  Tel. 295 432 463
  Tgl. 8–2 Uhr

Velense €€
Nettes Restaurant über der Bar. Die Muschelgerichte gibt es auf Bestellung.
• Rua Dr. João Pereira | Velas
  Tel. 295 412 160
  Tgl. geöffnet

Cervejaria São Jorge €
In dem beliebten Lokal wird Regionalküche serviert, wie etwa Napfschnecken *(lapas)*.
• Rua Maestro F. Lacerda 31 | Velas
  Tel. 295 412 861
  Tgl. 7–22 Uhr

TOUREN AUF SÃO JORGE

TOUR ⑫

INSELRUNDFAHRT KOMPAKT

Velas > Urzelina > Manadas > Calheta > Fajã dos Vimes > Fajã dos Cubres > Beira > Pico da Velha

BEIRA 📖 F6

Die Hallen von **Uniqueijo**, 3 km nördlich von Velas in Beira, gehören zur ältesten Käsefabrik Portugals aus dem Jahr 1927 › S. 55. Sie kann besichtigt werden. Im Kühlhaus lagern die Laibe der produzierten Käse, bis sie die richtige Reife für den Export erreicht haben. Den Käste kann man dort auch erwerben (Führungen Di 13.30, 16.30, Do 10 u. 11.30 Uhr, vorherige Anmeldung nötig, Eintritt 1,50 €, Shop mit Käseprobe Mo–Fr 9–17.30, Sa 9–16 Uhr, Eintritt frei, Tel. 295 438 274, www.lactacores.pt).

ROSAIS 2 📖 E6

Der Ort selbst bietet nichts Aufregendes, aber nahe der Kirche zweigt die Straße in den **Parque das Sete Fontes** ab. Die Skulptur eines Walfängerbootes trägt dort die auf Fliesen gemalte Kopie des Gemäldes *Os Emigrantes* von Domingos Rebelo (Original in Ponta Delgada im Museu Carlos Machado, › S. 66). Picknicktische stehen unter Baumfarnen, Quellen spenden Wasser.

Zwei Aussichtspunkte befinden sich in der Nähe. Am ersten schweift der Blick aus rund 300 m Höhe über das Meer. Der zweite, **Pico da Velha**

TOUR ⑬

DIE SCHÖNSTEN WANDERUNGEN

Parque das Sete Fontes › Ponta dos Rosais › Fajã dos Cubres › Pico da Esperança

(493 m) auf dem Inselrücken, bietet besonders am Abend ein grandioses Panorama Richtung Velas.

An der Westspitze **Ponta dos Rosais** erhebt sich die einsturzgefährdete Ruine eines Leuchtturms. Vom nahen Miradouro Vigia da Baleia beeindruckt der Drei-Insel-Blick nach Pico, Faial und Graciosa.

Am schönsten erwandert man die Strecke (4 Std.) auf dem Hinweg über einen holprigen Fahrweg ab dem Parque das Sete Fontes. Zurück biegt man ca. 1 km ab dem Leuchtturm rechts in einen Feldweg ein, der wunderbare Ausblicke bietet und später auf die Zufahrtsstraße zum Parque das Sete Fontes trifft. Hier läuft man 600 m in Richtung Rosais und schwenkt dann links in einen Weg ein, der an der Ostflanke des Pico da Velha vorbei zum Ausgangspunkt zurückführt.

URZELINA 3 F6

Seit dem Vulkanausbruch 1808 ragt von der alten Kirche nur der Glockenturm aus der erstarrten Lava, ein Neubau wurde 1822 an anderer Stelle errichtet. Fast so sicher wie im türkisfarbenen Wasser der **Piscina** badet man im Hafenbecken. An der Ostseite des Hafens sitzt es sich nett auf einem kleinen Miradouro. Ein kurioses Ensemble winziger Windmühlen steht an der Küste.

HOTEL
Intact Farm Resort €
Schick gestylte, aber eher einfache Hütten auf dem Gelände einer Quinta. Fantastischer Blick auf Pico. Für Selbstversorger.
• Estrada do Caminho Novo | Urzelina
  Tel. 966 030 375 | www.intact.pt

RESTAURANT
Urzelina €
Gut sortiertes Buffet zur Selbstbedienung. Innen geräumiger, properer Speisesaal, mit Außenterrasse.
• Estrada Regional | Urzelina
  Tel. 927 566 106 | Mi geschl.

SHOPPING
Cooperativa de Artesanato Sra. da Encarnação
Traditionelle Handarbeiten wie Tücher, Decken, Teppiche und Tischdecken. Einige Kilometer außerhalb von Urzelina. Tgl. 9 bis 18 Uhr. › mehr S. 16 Punkt **33**
• Ribeira do Nabo | Tel. 295 414 296

💬 FAJÃS ⭐

Nur wenige Meter über dem Meeresspiegel liegen die *fajãs,* fruchtbare schmale Landstriche unterhalb der Steilküste, die sich rund um das Hochland von São Jorge zieht. Die breiten Schwemmfächer – knapp 50 davon gibt es rund um die Insel – haben sich an der Mündung steiler Schluchten gebildet. Lange Zeit wurden sie dank des milden Klimas, das den Anbau von Bananen und Kaffee erlaubt, intensiv landwirtschaftlich genutzt. Wegen ihrer relativen Unzugänglichkeit wurden viele Fajãs in den letzten Jahrzehnten aufgegeben und werden jetzt von Wanderern wiederentdeckt.

MANADAS 4 📖 G7

In dem kleinen Ort (500 Einw.) überrascht die **Igreja Santa Bárbara.** Goldene und vielfarbige Ornamente überziehen die Wände. Ein herrlicher Holztisch von 1799 mit Einlegearbeiten ziert den ältesten Teil der Kirche, die heutige Sakristei (Cais das Manadas, im Sommer vormittags meist geöffnet).

Ein holpriger Fahrweg führt nach Osten entlang der Küste und endet unvermittelt oberhalb von **Fajã das Almas.** 100 m tiefer lädt die winzige Fischersiedlung zum Verweilen am Meer und Baden im Hafen ein.

HOTEL

Jardim do Triângulo €€
Im ruhigen Ortsteil Terreiros am Meer vermietet ein Hamburger Paar ein Studio für Selbstversorger und vier Gästezimmer. Gut bestücktes Frühstücksbuffet, Veranstaltung von Wanderwochen.
• Terreiros 91 | Manadas
   Tel. 295 414 055 | www.ecotriangulo.com

CALHETA 5 📖 G7

Calheta (2000 Einw.) ist noch sehr durch die Fischerei geprägt und zeichnet sich durch Charme und Ursprünglichkeit aus.

Das **Museu Francisco de Lacerda** zeigt in zwei historischen Stadthäusern volkskundliche Exponate aus mehreren Jahrhunderten, unter denen die Sammlung von Francisco Lacerda aus Calheta hervorsticht. (Rua José Azevedo da Cunha, www. museu-franciscolacerda.azores.gov. pt, April–Sept. Di–So 10–17.30,

sonst 9.30–17 Uhr, Eintritt 1 €). Demnächst wird das Museum in einen spektakulären Neubau am Hafen umziehen.

Die **Igreja Matriz Santa Catarina** (17. Jh.) bleibt meist verschlossen. Dies gilt auch für den **Heiliggeisttempel** am Treppenaufgang zur Kirche, der aber auch von außen

WANDERN AUF SÃO JORGE

• Von **Rosais** › S. 135 führt ein alter Weg in steilen Serpentinen rund 400 Höhenmeter zu den Weinbergen und wenigen Häusern von **Fajã do João Dias** an der Nordküste hinunter (Gesamtgehzeit mit Rückweg 3 Std.).

• 800 Höhenmeter fast nur bergab geht es auf dem relativ einfachen Weg vom höchsten Punkt der Passstraße ER 3-2 Urzelina–Norte Grande, beim **Pico das Caldeirinhas**, bis nach **Velas** › S. 133 (4 Std.).

• Bequem läuft man in 3,5 Std. von **Velas** nach **Manadas** › S. 137 durch flachwellige Landschaft, folgt Feldwegen und Pflasterpfaden und berührt die wenig befahrene alte Küstenstraße.

• Die Tour über den alten Südküstenweg von **Fajã dos Vimes** nach **Fajã de São João** › S. 138 dauert ca. 4 Std. und verlangt dem Wanderer einiges an Kondition und Schwindelfreiheit ab. Zwischenzeitlich verlässt man in Lourais die Küste und umgeht auf Fahrwegen einen erdrutschgefährdeten Wegabschnitt.

betrachtet dank seiner Fliesenver-
kleidung eine Sehenswürdigkeit ist.

Eine weitere Anlaufstelle im Ort
kann der **Jardim Maestro Francisco de Lacerda** sein. Der kleine
Stadtpark erstreckt sich über mehrere Terrassen, auf denen exotische
Pflanzen blühen.

HOTEL

Solmar €
Renoviertes kleines Hotel, ruhige Lage,
erstes Haus am Platz.
• Rua Domingos d'Oliveira 4
  Calheta | Tel. 295 416 120

RESTAURANT

Os Amigos €
Über dem Meer gelegen. Bemerkenswerte
Steaks, *alcatra* (Fleischkasserolle) und fri-
sche Muscheln. Manchmal Livemusik.
• Rua José Azevedo da Cunha
  Manadas | Tel. 295 416 421 | Mo geschl.

RIBEIRA SECA 🔖 G7 UND
FAJÃ DOS VIMES 🔖 H7

Eine Küstenstraße führt von Calhe-
ta nach **Ribeira Seca 6**. Architek-
tonischer Höhepunkt ist die **Casa
Gaspar Silva** von 1905, das einzige
Haus der Azoren im französischen
Kolonialstil. Azulejos zieren die
Fassade, das Giebeldach zeigt
kunstvoll geschnitzte Holzgesimse.

Auf der Weiterfahrt nach Osten
geht es durch ein landwirtschaftlich
geprägtes Gebiet mit alten Stein-
häusern und kleinen Feldern. Im
einsamen Dorf **Fajã dos Vimes 7**
füllen sich die Gassen einmal im
Jahr, am 16. Juli, bei der Prozession

zu Ehren der von den Fischern ver-
ehrten Nossa Senhora do Carmo.

SHOPPING

Casa de Artesanato Nunes
Frauen fertigen an alten Webstühlen Decken und *Colchas de ponto alto,* geome-
trisch gemusterte Wandteppiche > S. 48.
• Fajã dos Vimes | www.facebook.com/
  casadeartesanatonunes

ZUR OSTSPITZE

Unterwegs auf der ER 2-2 von Calheta Richtung Osten bietet ein Aussichtspunkt auf dem Inselrücken
einen tollen Blick hinunter zu den
drei Ortsteilen von **Lourais** und zu
den dortigen *fajãs*. Wildromantisch
präsentiert sich **Fajã de São
João 8** 🔖 H7, wohin eine abenteu-
erliche Straße hinunterführt. Nur
noch wenige Menschen leben dort.
Treffpunkt ist das Café Águeda.

In **Cruzal,** kurz vor Santo Antão,
ist eine Wassermühle noch funkti-
onsfähig. Am letzten Zipfel der Insel, in **Topo 9** 🔖 J8, begann 1470
die Kolonisierung von São Jorge.
Man sollte die steilen Serpentinen
zum alten Walfängerhafen **Cais do
Topo** hinuntergehen. Die Brandung
schliff hier eine Grotte in die roten
Lavaklippen. Vor der Ostspitze, der
Ponta do Topo, ragt der **Ilhéu do
Topo** aus dem Meer. Das Felseiland
ist Naturschutzgebiet und Brutplatz
für Seevögel.

RESTAURANT

O Caseiro €
Ordentliche Hausmannskost, begleitet von
queijo de São Jorge. Mo geschl.

Die Felseninsel Ilhéu do Topo steht unter Naturschutz, dient aber auch als Weidefläche

• Rua Silveira Noronha 165 | Topo
Tel. 964 740 504

DIE NORDKÜSTE

In **Norte Pequeno** 10 🔱 G6 lohnt ein Besuch der genossenschaftlichen Käserei **Cooperativa Agrícola de Lacticínios.** Ein Abstecher zur Küste führt nach **Fajã dos Cubres** 11 🔱 G/H6. Über den teils verfallenen Häusern ragt die 1908 errichtete Igreja Nossa Senhora de Lourdes auf.

Fajã dos Cubres kann auch erwandert werden (4 Std.). Der Weg beginnt an der ER 2-2 Richtung Topo, ca. 8 km östlich von Calheta. Nach steilem Abstieg von 700 Höhenmetern auf steinigem Pfad gelangt man zur nur zu Fuß erreichbaren **Fajã da Caldeira do Santo Cristo** 🔱, in deren Strandsee – einzigartig auf den Azoren – Venusmuscheln *(amêijoas)* leben. An der Küste entlang geht es über die verlassene Fajã do Belo nach Fajã dos Cubres. Weiter Richtung Westen schiebt sich unterhalb von Norte Grande die **Fajã do Ouvidor** 12 🔱 G6 als schwarzer Fächer ins Meer vor. An den Lavafelsen am Hafen bricht sich die Brandung.

Für die Rückfahrt zur Südküste empfiehlt es sich, die ER 3-2 nach Urzelina über den Hauptkamm der Insel zu nehmen. Am höchsten Punkt der Passstraße, in ca. 700 m Höhe, beginnt eine schöne, mittelschwere Höhenwanderung (Dauer ca. 4,5 Std.), die zum **Pico da Esperança** (1053 m) und weiter an der Nordflanke des Gipfelkamms abwärts bis nach Norte Pequeno führt.

RESTAURANT

0 Amilcar €
Einladende Terrasse am Hafen. Frischer Fisch vom eigenen Boot sowie deftige regionaltypische Küche.
• Fajã do Ouvidor
Tel. 295 417 448 | Di geschl.

FLORES UND CORVO

Üppiges Grün und eine große Pflanzenvielfalt prägen die Landschaft der Insel Flores

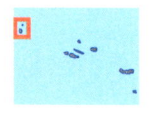

Beide Inseln sind UNESCO-Biosphärenreservat und bilden die Westgruppe der Azoren. Flores ist ein Pflanzenparadies, das seinem Namen »Blumeninsel« alle Ehre macht. Die kleinste Insel des Archipels, Corvo, ist wegen ihrer Abgeschiedenheit einzigartig.

Flores, die größere der beiden Inseln am westlichen Rand Europas, ist durch ihr mildes, regenreiches Klima ein Pflanzenparadies. Im Sommer sind überall Hortensienblüten auf der »Blumeninsel« zu sehen, dazwischen gedeihen Strauchrosen und Agapanthus. Flechten, Farne und Moose überziehen das Hochplateau, in das stille Kraterseen eingebettet sind. Im Westen ducken sich Fischerdörfer unter der schroffen Steilküste. Ein mehrtägiger Aufenthalt auf Flores empfiehlt sich vor allem für Wanderer, aber auch Bootsausflüge, Tauchen und Canyoning sind möglich. Als Standort hat die Inselhauptstadt **Santa Cruz das Flores** mit ihrer nostalgischen Atmosphäre ihren Reiz. In **Lajes** kommen im Hochsommer die Fährschiffe an, am meisten los aber ist im Badeort **Fajã Grande**.

Corvo punktet mit Beschaulichkeit und Ruhe. Viele Besucher kommen im Rahmen eines eintägigen Ausflugs von Flores aus auf die kleinste Azoreninsel. Wer den zentralen Krater erwandern möchte, kann vielleicht eine Übernachtung in **Vila do Corvo,** dem einzigen Ort auf der Insel, einplanen.

TOUREN IN DER REGION

TOUR
14

DIE ZWEI WESTINSELN INTENSIV

ROUTE: Santa Cruz das Flores › Lajes das Flores › Lagoa Funda › Lagoa Rasa › Costa › Fajã Grande › Lagoas › Ponta Delgada › Farol do Albarnaz › Corvo › Caldeirão › Vila do Corvo

KARTE: Seite 144, 147
LÄNGE: 3 Tage; Fahrstrecke: 1. Tag: 55 km; 2. Tag: 36 km; 3. Tag: 12 km
VERKEHRSMITTEL:
• Leihwagen oder Taxi.
• Am 3. Tag Bootsfahrt nach Corvo, dort Taxi. Die Überfahrt nach Corvo rechtzeitig organisieren › S. 143.

TOUR-START:

An der Küste entlang geht es von **Santa Cruz** ❶ › S. 143 Richtung Süden; auf der kurvenreichen Strecke folgt ein Aussichtspunkt auf den nächsten. Natursteinhäuser, romantische Mühlen und üppiges Grün säumen die Straße. Nach einem kurzen Besuch in **Lajes das Flores** 11 › S. 145 folgt eine Allee, die das Hochland der tiefgrünen Kraterseen **Lagoa Funda** und **Lagoa Rasa** › S. 145 quert. In **Costa** › S. 146 gibt es heiße Quellen, in **Fajã Grande** 6 › S. 146 drängt sich das Restaurant Papadiamandis am Badeplatz zur Mittagspause geradezu auf. Auf der Rückfahrt nach Santa Cruz lohnen sich Abstecher zu den fünf **Lagoas** (Kraterseen) › S. 146.

Der Norden von Flores ist wenig besucht. Umso interessanter ist der Ausflug am zweiten Tag dorthin. Nach einem Spaziergang durch das ursprüngliche **Ponta Delgada** 4 › S. 145 packen Sie am windumtosten Leuchtturm **Farol do Albarnaz** vielleicht das mitgebrachte Picknick aus, bevor es auf derselben Strecke zurück nach Santa Cruz geht. Der dritte Tag ist **Corvo** gewidmet. Hier können Sie sich per Taxi zum

Caldeirão › S. 147 fahren lassen. **Vila do Corvo** › S. 147 bietet ein kleines Umwelt- und Kulturzentrum.

TOUR 15

ZWEI WANDERUNGEN AUF DER BLUMENINSEL

ROUTE: Lagoa Rasa › Lagoa Funda › Fajã Grande › Ponta Delgada

KARTE: Seite 144
LÄNGE: 2 Tage; Fahrstrecke/Wanderzeit: 1. Tag: 42 km/1,5 Std.; 2. Tag: 41 km/3,5 Std.
VERKEHRSMITTEL:
• Taxi zum Startpunkt bzw. ab Ziel.

TOUR-START:

Die erste Wanderung auf einem alten Verbindungsweg hat es trotz ihrer Kürze in sich. Sie erschließt die

Kratersee Lagoa Funda auf Flores

beiden mit Kraterseen **Lagoa Rasa** und **Lagoa Funda** › S. 145 im Südwesten der Insel.

Eine längere, mittelschwere Tour führt von **Fajã Grande** **6** › S. 146 entlang der nordwestlichen Steilküste und endet ganz im Norden, in **Ponta Delgada** **4** › S. 145.

VERKEHRSMITTEL

• **Flughafen:** Auf **Flores** (FLW) liegt er am Westrand von Santa Cruz (zum Zentrum 10 Min. zu Fuß, Taxi 3–4 €). SATA Air Açores fliegt 1–2 × tgl. nach Horta (Faial) sowie je ca. 2 × pro Woche nach Corvo, Terceira und Ponta Delgada (São Miguel). Auf **Corvo** (CVU) liegt der Flughafen westlich von Vila do Corvo (Anbindung mit Sammeltaxis). Mit SATA Air Açores pro Woche ca. 2 × nach Flores, 3 × nach Horta (Faial) und 2 × nach Terceira.

• **Schiffsverbindungen:** Von Lajes das Flores mit der Autofähre der Atlânticoline Ende Juli/Aug. 1 × pro Woche von/nach Horta (Faial), dort Anschluss auf andere Inseln. Personenfähre »Ariel« (Atlânticoline) pendelt ganzjährig an 2–6 Tagen/Woche je 2 × von Santa Cruz das Flores nach Corvo (einfach 10 €, 40 Min., Tickets

in den Bürgerbüros RIAC: Santa Cruz, Praça Marquês de Pombal; Lajes, Avenida do Emigrante 8; Corvo, Rua do Jogo da Bola. Tagesausflüge nach Corvo in Santa Cruz mit kleineren Booten (Kontakt über Hotels). › mehr S. 12 Punkt **2** Von Corvo fährt das Bootstaxi »Nauticorvo« nach Flores (Vila do Corvo, Rua da Horta Funda, Tel. 292 596 287, ca. 150 €).

• **Busse:** Flores: ab Santa Cruz nach Lajes, Fajã Grande, Ponta Delgada je 4–5 × tgl.

• Auf Corvo verkehren **Sammeltaxis.** Zum Caldeirão hin/zurück 6 € pro Person.

WICHTIGE ADRESSEN
Infobüros:

• **Flores:** Rua Dr. Armas da Silveira 9970-331 Santa Cruz das Flores Tel. 292 592 369 | www.visitazores.com Infostelle im Flughafen nur Juli/Aug.

• **Corvo:** Caminho dos Moinhos 9980-032 Vila do Corvo | Tel. 292 596 227

Büros der Fluggesellschaft SATA:

• **Flores:** Santa Cruz das Flores Rua Senador André Freitas 5 Tel. 292 590 350

• **Corvo:** Vila do Corvo Caminho dos Moinhos | Tel. 292 590 310

UNTERWEGS AUF FLORES

SANTA CRUZ DAS FLORES **1** 📖 B13

Die Stadt wartet mit einigen Attraktionen auf: dem Hausberg **Monte das Cruzes,** der (renovierungsbedürftigen) **Igreja N.S. da Conceição** (19. Jh.) und dem **Museu das**

Flores, das seinen Hauptsitz im einstigen Franziskanerkloster São Boaventura hat. Die modern arrangierte Ausstellung beschäftigt sich mit inselrelevanten Themen (Largo da Misericórdia, www.museu-flores.azores.gov.pt, April–Sept. Di–So 10–17.30, Okt.–März Di So 9.30 bis 17 Uhr, Eintritt 1 €).

Eine Außenstelle des Museums ist das **Museu da Fábrica da Baleia do Boqueirão** in der alten Walfabrik am Nordrand der Stadt mit einer Ausstellung über den Walfang. Nebenan liegt das **Centro de Interpretação Ambiental do Boqueirão,** das Besucherzentrum des Naturparks von Flores mit Infotafeln zur Inselnatur und virtuellen Aquarien (http://parquesnaturais.azores.gov.pt, Juni–Sept. tgl. 10–18, sonst Di bis Fr 10–17, Sa 14–17.30 Uhr, Eintritt 3 €).

Die Walfabrik steht am **Porto do Boqueirão,** einem der drei Häfen von Santa Cruz. Für die normalen Fischer war und ist allerdings der stadtnähere **Porto Velho** (alte Hafen) das Ziel; die Fähre nach Corvo startet im **Porto das Poças.**

HOTELS

Inatel Flores €€
Relativ neues, komfortables Hotel mit 24 Zimmern am ehemaligen Walfängerhafen.
- Zona do Boqueirão | Santa Cruz
  Tel. 292 590 420 | www.inatel.pt

Ocidental €€
Hotel im Reihenhausstil an der Felsküste. Nette Zimmer mit Balkon/Terrasse. Felsbadeanlage nahebei. Tauchcenter.
- Av. dos Baleeiros | Santa Cruz
  Tel. 292 590 100
  www.hotelocidental.com

RESTAURANT

Sereia €€
Eher einfaches Restaurant in Hafennähe, familiäres Ambiente. So geschl.
- Rua Dr. Armas da Silveira 30
  Santa Cruz | Tel. 292 592 220

TOUREN AUF FLORES UND CORVO

TOUR 14

DIE ZWEI WESTINSELN INTENSIV

Santa Cruz › Lajes das Flores › Costa › Fajã Grande › Lagoas › Ponta Delgada › Farol do Albarnaz › Karte S. 147 Corvo › Caldeirão › Vila do Corvo

TOUR 15

ZWEI WANDERUNGEN AUF DER BLUMENINSEL

Lagoa Rasa › Lagoa Funda › Fajã Grande › Ponta Delgada

GRUTA DOS ENXARÉUS 📱 B13

Die 7 km südlich von Santa Cruz an der Felsküste gelegene Höhle, deren Eingang einem riesigen Kirchenportal ähnelt, ist nur von See her zu erreichen. Mehrere Anbieter fahren mit Schlauch- oder Hartschalenbooten ab Santa Cruz zur Grotte und in diese hinein. Der 50 m lange und 25 m breite Hohlraum diente einst Piraten als Unterschlupf. Auch unterwegs gibt es entlang der Küste viel zu sehen: bizarre Felsformationen und kleinere, von der Brandung ausgewaschene Höhlen. Die Gruta dos Enxaréus ist nach der Stachelmakrele *(enchareu)* benannt, einer bei Anglern beliebten Fischart, die sich oft am Höhleneingang aufhält.

DER NORDEN

Auf einem Hügel thront in **Fazenda de Santa Cruz** 2 📱 B13 die Igreja Nossa Senhora de Lourdes. Oberhalb des Ortes liegt idyllisch in ein Waldgebiet eingebettet die **Reserva Florestal** mit Forellenzucht und Infozentrum. › mehr S. 13 Punkt ⑩

Ein Abstecher nach **Ponta Ruiva** 3 📱 B12 lohnt sich für ein kleines Picknick. Das Dorf klebt zwischen winzigen Terrassenfeldern an der Steilküste. Unten breitet sich **Ponta Delgada** 4 📱 A12 auf einer Landzunge aus. Eine enge Straße folgt der Küste weiter nach Westen bis zum Leuchtturm **Farol do Albarnaz,** wo man die Kraft des Windes und der Wellen zu spüren bekommt.

LAJES DAS FLORES 5 📱 A12

Das zweite Verwaltungszentrum der Insel ist eigentlich nicht viel mehr als ein Dorf, aber ein sehr nettes und inseltypisches. Für Besucher, die per Autofähre anreisen, ist Lajes die erste Anlaufstation auf der Insel Flores.

HOTEL

A Barraka €
Engagiert geführtes Gästehaus. Vier nette Zimmer, gemeinsames Bad und Küche.
• Rua Eirinha Velha 9 | Fazenda das Lajes Tel. 961 724 290 | www.abarraka.com

DER SÜDEN

Von Lajes geht es durch Alleen zur Westküste. Nördlich der Straße liegen die Kraterseen **Lagoa Funda** ⭐ und **Lagoa Rasa** ⭐ 📱 A13, die auf Spaziergänger warten. Sie sind auch auf einem anspruchsvollen Wanderweg (1,5 Std.) zu erreichen, ab der Kurve an der ER1-2a, wo links die Straße nach Costa abzweigt. Gegenüber beginnt der **Caminho do Bugio,** ein alter wildromantischer Verbindungsweg, der löchrig und im Sommer recht zugewachsen ist. Er mündet am Fuß des **Bugio** (591 m) in einen breiteren Weg, auf dem man bergab zu einer Erdpiste läuft. Dort bietet sich links ein Abstecher zur kleineren Lagoa Rasa an. Zur ER1-2a hinunter geht es rechts, an der Lagoa Funda vorbei. Mit den kleinen Sandstränden und üppiger Vegetation rundum gilt der See als schönster von Flores.

Nach **Lajedo** locken die heißen Quellen im Ortsteil **Costa.** Zu ihnen führt ein beschilderter Fußweg von den letzten Häusern etwa 30 Min. unterhalb einer Felswand entlang (Achtung: Trittsicherheit erforderlich). › mehr S. 16 Punkt ㉔

FAJÃ GRANDE 6 📖 A13

Fast schon quirlig geht es in Fajã Grande zu. › mehr S. 16 Punkt ㉘ Der Ort ist Ausgangspunkt für eine beliebte Wanderung an der Nordwestküste, die nach 3,5 Std. in Ponta Delgada › S. 145 endet. Zunächst geht es auf einer schmalen Straße Richtung Norden. Erster Höhepunkt ist nach 15 Min. der rechter Hand über einen schmalen Pfad erreichbare Wasserfall am **Poço do Bacalhau.** Die Straße endet nach 30 Min. im Weiler **Ponta da Fajã.**

Es folgt ein Anstieg von über 400 Höhenmetern durch die dicht mit Gebüsch überwucherte Felsküste bis zu deren oberer Kante, auf der es gemütlicher weitergeht, wobei allerdings eine Reihe flacher Bachbetten gequert werden muss. Unterwegs ergeben sich lohnende Ausblicke auf die vorgelagerte Felsinsel **Ilhéu de Maria Vaz.** Nach rund 3 Std. Gehzeit kommt man an eine schmale Straße, die von Ponta Delgada › S. 145 heraufführt. Auf dieser läuft man hinab in den Ort.

HOTEL

Aldeia da Cuada €€

Das Feriendorf entstand aus einer Ansiedlung, die in den 1960er-Jahren von ihren ursprünglichen Bewohnern verlassen wurde. Sorgfältig ließen Teotónia und Carlos Silva die alten Steinhäuser restaurieren.

• Cuada | Tel. 292 590 040
www.aldeiadacuada.com

RESTAURANT

Papadiamandis €€

Geräumige Außenterrasse, portugiesische Küche mit großen Portionen, Kuchentheke.

• Rua do Porto | Fajã Grande
Tel. 917 947 118

Ferienhäuser in Fajã Grande

AUSFLUG ZU DEN LAGOAS 📖 A13

Beinahe schnurgerade verläuft die ER 2-2a über das Plateau im Inselinneren. Rechts und links der Straße liegen fünf eindrucksvolle Kraterseen, die Lagoas. Besonders schön ist die **Lagoa Negra** 12 , zu der eine kurze Stichstraße führt. Die Kraterseen lassen sich bei Wanderungen wunderbar entdecken, die man am besten mit einem kundigen Guide unternimmt.

UNTERWEGS AUF CORVO ★

VILA DO CORVO 📖 B10

Seit 1832 darf sich Vila do Corvo trotz seiner geringen Göße (400 Einw.) Stadt nennen. Die meist einstöckigen Häuser des einzingen Ortes der Insel haben dunkle Natursteinmauern. Wie eh und je trifft man sich vor der **Igreja Nossa Senhora dos Milagres** (1795), in den wenigen Cafés oder auf dem Largo do Outeiro.

In der Canada da Graciosa informiert in zwei historischen Häusern das moderne Informationszentrum **Centro de Interpretação Ambiental e Cultural** mit einer Mediathek und einem Museumsshop über die spezielle Natur und Kultur der kleinen Insel (Canada do Graciosa, Tel. 292 596 051, http://parquesnaturais.azores.gov.pt, April–Okt. tgl. 10–18, sonst Di–Fr 10–17, Sa 14 bis 17.30 Uhr, Eintritt frei).

HOTEL

Guest House Comodoro €
Familiäres Gästehaus an der Straße zum Caldeirão, mit Panoramablick. 14 recht komfortable Zimmer.
• Caminho do Areeiro | Vila do Corvo
 Tel. 292 596 128
 www.comodoroazores.com

RESTAURANT

BBC Caffe & Lounge €
Treffpunkt Nummer eins im Ort, serviert einfache Gerichte.
• Avenida Nova | Vila do Corvo
 Tel. 292 596 030

DER CALDEIRÃO 📖 B10

Zu Fuß dauert der Weg zum Kraterrand ca. 2 Std., es geht vorbei an ummauerten Feldern und Weiden (per Taxi von Vila do Corvo ca. 6 €). Am Rand des bereits vor über 1 Mio. Jahren erloschenen Vulkans überwältigt der fantastische Ausblick. 300 m tiefer liegen zwei Seen. Die Azorianer sagen, die winzigen grünen Inseln in diesen Lagoas seien ein Abbild ihres ganzen Archipels.

TOUR AUF FLORES UND CORVO

TOUR ⑭

DIE ZWEI WESTINSELN INTENSIV

> Karte S. 144 Santa Cruz > Lajes das Flores > Costa > Fajã Grande > Lagoas > Ponta Delgada > Farol do Albarnaz > Karte oben Corvo > Caldeirão > Vila do Corvo

EXTRA-TOUREN

Der teils zerstörte Leuchtturm ist das Wahrzeichen der Ponta dos Capelinhos

VIER AZORENINSELN IN ZWEI WOCHEN

ROUTE: São Miguel › Terceira › Pico › Faial

KARTE: Klappe hinten
DAUER: São Miguel (Ponta Delgada) › **Terceira** 45 Min. Flugzeit; **Terceira** › **Pico** 30 Min. Flugzeit; **Pico (Madalena)** › **Faial (Horta)** ça. 30 Min. Überfahrt per Fähre
VERKEHRSMITTEL: Flüge mit SATA Air Açores › S. 26 von **São Miguel** nach **Terceira** mehrmals täglich, von **Terceira** nach **Pico** einmal am Tag. Kleine Fährschiffe der Atlânticoline › S. 26 von **Madalena (Pico)** nach **Horta (Faial)** bis zu 8 × tgl. Auf den Inseln fährt man mit Mietwagen oder Taxi, da das Busliniennetz nicht dicht genug ist.

Nach der Ankunft in **Ponta Delgada** › S. 64 auf **São Miguel** bleibt meist Zeit, um in Ruhe ein Quartier zu beziehen, einen abendlichen Bummel durch die Innenstadt zu unternehmen und in einem der kleinen, landestypischen Restaurants einzukehren. Am zweiten Tag steht der Westen der Insel auf dem Programm. Die reizvolle Gegend um den **Doppelkrater von Sete Cidades** › S. 69 bietet sich für einen Spaziergang an, bevor Sie am Strand von **Mosteiros** › S. 70 relaxen – einem der besten Badestrände von São Miguel. Am Abend locken die lebendigen Kneipen von Ponta Delgada.

Am dritten Tag erkunden Sie den Süden. Schauen Sie am urigen kleinen Hafen von **Caloura** › S. 71 den Fischern und Anglern zu, streifen Sie in **Vila Franca do Campo** › S. 73 auf den Spuren der Entdeckungsfahrer durch die Gassen und entspannen Sie sich im riesigen Park von **Furnas** › S. 73 am Thermalbadeteich. Lassen Sie sich anschließend mit dem berühmten vulkangekochten *cozido* verwöhnen. Ein letzter Tag auf São Miguel: Der ursprüngliche, aussichtsreiche Osten bei **Nordeste** › S. 77 und das Teeanbaugebiet von **Porto Formoso** und **Gorreana** › S. 78 warten auf Sie.

Dann geht es weiter nach **Terceira,** wo Sie in **Angra do Heroísmo** › S. 89 Quartier beziehen. Der Rest des Tages steht im Zeichen dieser Stadt, die Flair, Historie und Shoppingvergnügen bietet. An weiteren zwei Tagen können Sie in **Biscoitos** › S. 96 in die berühmten Lavapools springen, im einsamen Hochland den Erscheinungsformen eines schlummernden Vulkanismus nachspüren, an der lieblichen Ostküste die Heiliggeisttempel entdecken und in **Praia da Vitória** › S. 95 den herrlichen Strand ausgiebig genießen.

Weiter fliegen Sie nach **Pico** › S. 118, wo Sie in **Madalena** › S. 122 am Nachmittag vielleicht noch Gelegenheit zu einem Spaziergang entlang der felsigen, von Weingärten gesäumten Küste haben. Am folgenden Morgen ist es günstig, möglichst früh ins zentrale Hochland zu fahren, bevor sich dort im weiteren Tagesverlauf Wolken bilden. Zum Lunch bietet sich **Lajes** › S. 128 an, wo auch das Walmuseum quasi zum Pflichtprogramm gehört. An einem weiteren Tag möchten Sie vielleicht eine komplette Inselumrundung unternehmen – mit Stopps an der Ostspitze, der **Ponta da Ilha** › S. 129, und im Kunsthandwerkerdorf **Santo Amaro** › S. 129.

Die Überfahrt per Boot nach **Faial** › S. 103 erfolgt am Morgen, um genügend Zeit für einen Bummel durch die Hafenstadt **Horta** › S. 107 zu haben, am Jachthafen Seglerflair zu genießen und Peters Scrimshaw-Museum zu besuchen. Denn am nächsten Tag steht eine Rundfahrt um die Insel an, mit dem Highlight **Vulcão dos Capelinhos** › S. 116. Für ein Bad im Lavapool und zur Einkehr ist **Varadouro** › S. 117 die beste Adresse. Zum Abschluss sollten Sie die Auffahrt zur **Caldeira** › S. 113 nicht versäumen. Diesen letzten Tag beenden Sie in aller Ruhe am langen Sandstrand von **Praia do Almoxarife** › S. 113.

ZWEI WANDERWOCHEN AUF FAIAL, PICO UND SÃO JORGE

> **ROUTE:** Faial › Pico › São Jorge › Faial
>
> **KARTE:** Klappe hinten
> **DAUER:** Faial (Horta) › Pico (Madalena) ca. 30 Min. Fährüberfahrt; Pico (São Roque) › São Jorge (Velas) ca. 35 Min. Fährüberfahrt; São Jorge (Velas) › Faial (Horta) ca. 70 Min. Fährüberfahrt
> **VERKEHRSMITTEL:** Kleine Fährschiffe der Atlânticoline › S. 26 von **Faial (Horta)** nach **Pico (Madalena)** ganzjährig bis zu 8 × tgl.; Anschluss von **Pico (São Roque)** nach **São Jorge (Velas)** ganzjährig ca. 1–3 × tgl. Auch die Rückfahrt von Velas nach Horta erfolgt mit der Fähre ca. 2–3 × tgl.
> Auf den Inseln können Sie Wanderungen per Taxi, z. T. auch per Mietwagen oder Linienbus organisieren.

Für den Tag nach der Anreise sollten Sie die Wanderung (3 Std.) rund um die **Caldeira** auf **Faial** einplanen › S. 113. Diese Tour ist wetterabhängig, denn oft ist der Gipfelbereich wolkenverhangen. Dann können Sie mit der zweiten Wanderung (2,5 Std.) tauschen, die rund um den Vulkankegel **Cabeço**

Die charakteristische Küste von São Jorge mit ihren Lagunen

da Fonte führt › S. 116. Den Rest des Tages füllen Badestopps, Besichtigungen, Picknicks und Einkehr in ländlichen Lokalen.

Dann setzen Sie nach **Pico** über, wo **Madalena** › S. 122 der zentralste Standort ist. Den Rest des Tages relaxen Sie im Meeresschwimmbad oder widmen sich den bescheidenen Sehenswürdigkeiten des Ortes. Am nächsten Tag fahren Sie zur Vulkanhöhle **Furna de Frei Matias** › S. 126 mit anschließendem Abstieg (3 Std.) über den romantischen Park der **Quinta das Rosas** › S. 123, wo Sie den mitgenommenen Proviant auspacken können. Am nächsten Morgen steht ein früher Aufbruch an, rund drei Stunden vor Sonnenaufgang, damit die Chancen steigen, den Gipfelblick vom **Pico** möglichst wolkenfrei zu erleben (Auf- und Abstieg ca. 6 Std. ein, Anmeldung und Bergführer › S. 126). Zur Erholung steht einen Tag später eine beschauliche Küstenwanderung (1,5 Std.) nach **Calhau** › S. 124 mit Besuch der Gruta das Torres › S. 123 auf dem Programm.

Auf **São Jorge** beziehen Sie im Hauptort **Velas** › S. 133 Quartier. Weitere drei Touren stehen jetzt an: ein Rundweg (4 Std.) an der Westspitze **Ponta dos Rosais** › S. 136, ein steiler Abstieg (4 Std.) zur Küstenebene **Fajã dos Cubres** › S. 139 und ein gemütlicher Höhenweg (4,5 Std.) über den **Pico da Esperança** › S. 139 mit Panoramablicken. Zwischendurch gönnen Sie sich einen Ruhetag, um eine Käserei zu besichtigen oder einen Ausflug in den Inselosten zu unternehmen. Dann fahren Sie zurück nach Faial, um dort am letzten Tag noch einmal die Stadt Horta zu genießen oder zum Whale watching › S. 42 auszulaufen, bevor die Rückreise ansteht.

FÜR INSELFANS: DER GANZE ARCHIPEL MIT DEM FÄHRSCHIFF IN FÜNF WOCHEN

ROUTE: São Miguel > Santa Maria > São Miguel > Terceira > Graciosa > São Jorge > Pico > Faial > Flores > Corvo > Flores > Faial > São Miguel

KARTE: Klappe hinten
DAUER: Dauer der Fährüberfahrten: Ponta Delgada (São Miguel) > Vila do Porto **(Santa Maria)** 3,5 Std.; Ponta Delgada > Praia da Vitória (Terceira) 5,5 Std.; **Praia da Vitória** > Graciosa 3,5 Std.; **Graciosa** > Velas (São Jorge) 2,5 Std.; **Velas** > **São Roque (Pico)** 35 Min.; **Madalena (Pico)** > **Horta (Faial)** 30 Min.; **Horta** > **Flores** 8 Std.; **Flores** > **Corvo** 40 Min.; **Horta** > Ponta Delgada 9 Std.
VERKEHRSMITTEL: Die Tour ist fahrplanbedingt nur im Hochsommer durchführbar. Die Reederei Atlânticoline › S. 26 betreibt auf Langstrecken größere Autofähren. Für die kürzeren Überfahrten zwischen Faial, Pico und São Jorge sind Personen- und Autofähren der Atlânticoline im Dienst. Corvo wird ab Flores von einer Perso- nenfähre im Sommer fast täglich angefahren. Auf den Inseln kommen als Verkehrs- mittel je nach Ziel und Zeitrahmen Mietwagen, Taxis und Linienbusse in Frage.

Die ersten zwei oder drei Tage sind **São Miguel** gewidmet, wo Sie am besten Quartier in der Haupt- und Hafenstadt **Ponta Delgada** › S. 64 beziehen. Von dort unternehmen Sie Ausflüge in den Westen der Insel zur **Caldeira das Sete Cidades** › S. 69 und in den Osten nach **Furnas** › S. 73 mit seinen heißen Thermalquellen.

Dann geht es zur kleineren Nachbarinsel **Santa Maria** › S. 81. Abhängig vom Fahrplan bleiben Sie hier etwa drei Nächte, am besten im Hafenort **Vila do Porto** › S. 81. Auf Santa Maria lässt sich eine schöne Wanderung zum höchsten Gipfel, dem **Pico Alto** › S. 82 unternehmen. Ein weiteres lohnen- des Ziel ist der Sandstrand **Praia Formosa** › S. 83.

Zurück auf São Miguel müssen Sie ein oder zwei Zwischenübernachtun- gen einplanen, bevor die Fähre Richtung **Praia da Vitória** › S. 95 auf **Terceira** ablegt. Wieder stehen etwa drei Übernachtungen an, am schönsten wäre ein Quartier in **Angra do Heroísmo** › S. 89. Sie können nun diese angenehme Stadt genießen und Ausflüge in die vulkanische Bergwelt oder zu den Lava- pools von **Biscoitos** › S. 96 unternehmen.

Weiter geht es von Praia da Vitória mit der Autofähre nach **Graciosa** › S. 100. Dort wird vielleicht fahrplanbedingt ein Aufenthalt von mehreren

Tagen fällig, an denen Sie es ruhig angehen lassen können, denn ein Tagesausflug genügt, um die ganze Insel kennenzulernen. Der Thermalkurort **Carapacho** › S. 102 bietet sich zum Relaxen an.

Dann setzen Sie, wiederum mit der Autofähre und eventuell mit Zwischenstopps, nach **Velas** › S. 133 auf **São Jorge** über. Hier sollte die Zeit zumindest für eine eintägige Inselrundfahrt reichen, wobei Sie die **Fajã dos Cubres** › S. 139 ebensowenig versäumen sollten wie die Westspitze **Ponta dos Rosais** › S. 136.

Nach der kurzen Überfahrt nach **São Roque** auf **Pico** beziehen Sie in **Madalena** › S. 122 Quartier. Hier können Sie entlang der flachen Felsküste spazieren, eine hübsche Badebucht suchen, das Weinmuseum und eine Vulkanhöhle besichtigen. Eine Inselrundfahrt mit Stopp im Walfängerort **Lajes** › S. 128 und Zwischenübernachtung in **Piedade** › S. 128 kann anschließen.

Nach zwei oder drei Tagen setzen Sie von Madalena zu ihrem nächsten Ziel über, der Stadt **Horta** › S. 107 auf der Insel **Faial.** Hier sollten Sie zumindest zweimal übernachten, um einen vollen Tag für eine Inselrundfahrt mit Besuch der **Caldeira** › S. 113 und des **Vulcão dos Capelinhos** › S. 116 zur Verfügung zu haben. Die verbleibende Zeit nutzen Sie, um das Flair der Hafenstadt Horta auszukosten.

Dann besteigen Sie das Fährschiff nach **Flores** › S. 143. Diese Insel wird nur von Ende Juli bis Ende August und dann nur einmal pro Woche angelaufen. Daher ist dort ein längerer Aufenthalt angesagt. Die Zeit geht jedoch wie im Flug vorüber, wenn Sie die Kraterseen auf dem grünen Hochland oder die bizarren Steilküsten erwandern, eine Bootsfahrt zur **Gruta dos Enxaréus** › S. 145 unternehmen oder sich dem Canyoning in einer der steilen Schluchten widmen. Zwischendurch lohnt ein Abstecher nach **Corvo** › S. 147, entweder als Tagesausflug oder mit zwei Übernachtungen (rechtzeitig anmelden), um die unvergleichliche Ruhe dieser Insel und ihrer Bewohner zu genießen.

Auf der Rückreise gehen Sie wieder in Horta (Faial) an Land, wo etwa zwei Zwischenübernachtungen fällig sind. Jetzt bieten sich eine Ausfahrt zum Whalewatching oder ein Badetag an der **Praia do Almoxarife** › S. 113 an. Etwa drei Tage vor Ihrem Heimflug sollten Sie die Rückfahrt nach Ponta Delgada antreten. Dort ist Gelegenheit für weitere Unternehmungen oder zum Entspannen am Pool oder Strand.

Die Ermida de Nossa Senhora Mãe de Deus in Ponta Delgada stammt aus dem Jahr 1925

INFOS VON A–Z

ÄRZTLICHE VERSORGUNG – APOTHEKEN

Jeder Gemeindehauptort hat ein Krankenhaus (*hospital*) mit Notfallaufnahme (*urgência*) oder ein Gesundheitszentrum (*Centro de Saúde*). Nicht immer wird die Europäische Krankenversicherungskarte (EHIC) akzeptiert. Daher empfiehlt sich eine private Reisekrankenversicherung.

Apotheken (*farmácias*; grünes Kreuz) öffnen meist Mo–Sa 9–13, 15–19, teils auch So 9–13 Uhr.

BANKEN – GELD

Die Azoren gehören zur Eurozone. Mit Bankkarte (Maestro, VPAY) bzw. Kreditkarte und PIN kann man an Geldautomaten (Multibanco) Bargeld abheben.Kreditkarten (vor allem Visa, Mastercard) und Bankkarten werden in vielen Hotels, Restaurants etc. akzeptiert.

BARRIEREFREIES REISEN

Menschen mit Mobilitätseinschränkungen sehen sich auf den Azoren mit einigen Hindernissen konfrontiert. Es gibt barrierefrei eingerichtete Hotels und Ferienwohnungen, etwa auf São Miguel, Faial, Terceira und Flores.

EINREISE

Für EU-Bürger und Schweizer gibt es keine Einreisekontrollen. Die Ausweispapiere werden aber bei Fluggesellschaften, Hotels und Autovermietungen benötigt.

ELEKTRIZITÄT

220 Volt/50 Hertz Wechselstrom.

FEIERTAGE

1. Januar, Karfreitag, 25. April, 1. Mai, Pfingstmontag, Fronleichnam, 10. Juni, 15. August, 5. Oktober, 1. November, 1., 8. und 25. Dezember.

INFORMATIONEN

- Portugiesisches Tourismusbüro: www.visitportugal.com www.turismodeportugal.pt
- Associação de Turismo dos Açores: Avenida Infante D. Henrique 33, 1º-D 9500-150 Ponta Delgada, São Miguel Tel. 296 288 082 www.visitazores.com

ÖFFNUNGSZEITEN

- **Geschäfte:** Mo–Fr 9–13, 15–18 Uhr, Sa 9–13 Uhr; Einkaufszentren länger.
- **Banken:** Mo–Fr 8.30–14.45 Uhr.
- **Postämter:** meist Mo–Fr 9–13, 15–18 Uhr.

TELEFON

Telefonkarten (*cartões telefónicos*) für Telefonzellen und Festnetz gibt es in Payshops (Liste unter www.payshop.pt). GSM-Handys funktionieren überall.
Vorwahlnummern: Deutschland 00 49, Österreich 00 43, Schweiz 00 41. Portugal (Azoren) 00 351, keine Ortsvorwahl.
Notruf: Tel. 112

ZOLL

In EU-Länder keine Beschränkungen. In die Schweiz dürfen eingeführt werden: 1 l Spirituosen über 22 Vol.-%, 2 l Wein, 200 Zigaretten oder 50 Zigarren, Souvenirs im Wert von 300 CHF.

🔊 URLAUBSKASSE

• Tasse Kaffee	0,70–2 €
• Softdrink	1–2,50 €
• Glas Bier	1–3 €
• Sandes (Sandwich)	ca. 2,50 €
• Eis (Cornetto)	1,50 €
• Taxifahrt (pro km)	ca. 0,75 €
• Mietwagen/Tag	ab 27 €

REGISTER

BILDNACHWEIS

Coverfoto Felsküste bei Quatro Ribeiras, Terceira, Azoren © Getty Images/Bernat Bacete, Jose A.

Fotos Umschlagrückseite Schapowalow/Gräfenhain (links); Glow Images/imageBROKER (Mitte); Shutterstock/Mainka, Markus (rechts)

Alamy/Avila, G.: 34; Alamy/Leighton, Keith: 54; Alamy/Muscroft, David: 16; AWL Images/Bibikow, Walter: 58, 108; F1 online digitale Bildagentur: 50; Glow Images/imageBROKER: 56/57; Glow Images/Renckhoff, Dirk: 59; Huber Images/Gerth, Roland: 84; Huber Images/Gräfenhain: 83; Huber Images/Lukasseck, Frank: 131; laif/4SEE/Guimaraes, Pedro: 115; laif/Amme, Michael: 32; laif/hemis/Bibikow Walter: 103, 148; laif/hemis/Guiziou Franck: 10; laif/Hub, Andreas: 111; Lipps, Susanne: 8-1; Lookphotos/Leue, Holger: 117; Lookphotos/Stankiewicz, Thomas: 8-2, 97; mauritius images/Alamy: 27, 65; mauritius images/Alamy/Avila, G.: 14; mauritius images/Alamy/Azenha, Sergio: 18; mauritius images/ClickAlps: 118; mauritius images/imageBROKER/Laub, Harry: 93; mauritius images/Warburton-Lee, Jon: 36/37; Renckhoff, Dirk: 45, 139; Schapowalow/Gräfenhain: 20/21, 29; Shutterstock/ArjaKo's: 79; Shutterstock/Bildagentur Zoonar GmbH: 101; Shutterstock/Damke, Henner: 112; Shutterstock/Eric Valenne geostory: 23; Shutterstock/Fabisuk, Evgeni: 42; Shutterstock/Faikas, Beza: 76, Shutterstock/Gadomski, Rafal: 125; Shutterstock/Janyst Lukasz: 140; Shutterstock/Kozlowski, Karol: 15; Shutterstock/Kulp, Nil: 17; Shutterstock/lenisecalleja.photography: 146; Shutterstock/Mainka, Markus: 142; Shutterstock/Moro, Juan: 13; Shutterstock/mp_photo: 41; Shutterstock/RavenEyePhoto: 30; Shutterstock/Sousa, Rui Vale: 75; Shutterstock/Trejo, Anibal: 98; Shutterstock/van der Spek, Benjamin: 6/7; Shutterstock/Vector99: 71; Stankiewicz, Thomas: 49, 90, 126, 151, 153; stock.adobe.com/FedevPhoto: 19, 122; stock.adobe.com/kgdad: 47; stock.adobe.com/Uwalthie Pic Project: 28; Unsplash/Compagnone, Angela: 9.

Liebe Leserin, lieber Leser,
wir freuen uns, dass Sie sich für diesen POLYGLOTT on tour entschieden haben.
Unsere Autorinnen und Autoren sind für Sie unterwegs und recherchieren sehr gründlich,
damit Sie mit aktuellen und zuverlässigen Informationen auf Reisen gehen können.
Dennoch lassen sich Fehler nie ganz ausschließen. Wir bitten Sie um Verständnis, dass der
Verlag dafür keine Haftung übernehmen kann.

Ihre Meinung ist uns wichtig. Bitte schreiben Sie uns:

GRÄFE UND UNZER VERLAG
Postfach 86 03 66, 81630 München, Tel. 0 89 / 419 819 41
www.polyglott.de

LESERSERVICE
polyglott@graefe-und-unzer.de
Tel. 0 800 / 72 37 33 33 (gebührenfrei in D, A, CH), Mo–Do 9–17 Uhr, Fr 9–16 Uhr

1. Auflage 2019

© 2019 GRÄFE UND UNZER VERLAG GmbH, München
Dieses Buch wurde auf chlorfrei gebleichtem Papier gedruckt.
ISBN 978-3-8464-0387-7

Bei Interesse an maßgeschneiderten B2B-Editionen:
gabriella.hoffmann@graefe-und-unzer.de

Bei Interesse an Anzeigen:
KV Kommunalverlag GmbH & Co KG
Tel. 089/928 09 60
info@kommunal-verlag.de

Verlagsredaktion: Anne-Katrin Scheiter
Autorin: Susanne Lipps
Redaktion: Annette Pundsack
Bildredaktion: Dr. Nafsika Mylona
Mini-Dolmetscher: Langenscheidt
Umschlaggestaltung & Layout:
Independent Medien Design, München
Horst Moser (Artdirection), Lucie Heselich
Karten und Pläne: Theiss Heidolph und Kunth Verlag GmbH & Co. KG
Satz: uteweber-grafikdesign
Herstellung: Anna Bäumner
Druck und Bindung:
Printer Trento, Italien

PEFC
PEFC/18-31-506

GRÄFE UND UNZER

Ein Unternehmen der
GANSKE VERLAGSGRUPPE

MINI-DOLMETSCHER PORTUGIESISCH

ALLGEMEINES

Guten Tag.	Bom dia. [bõ **dia**]
Hallo!	Olá! [**ola**]
Wie geht's?	Como está? [**ko**mu˛**ischta**]
Danke, gut.	Tudo bem, obrigado (m.) / obrigada (w.). [**tu**du bẽj ubri**ga**du / ubri**ga**da]
Ich heiße ...	Chamo-me ... [**scha**mu˛me]
Auf Wiedersehen.	Até logo / Adeus. [a**te lo**gu / a**de**·usch]
Morgen	manhã [man**jã**]
Nachmittag / Abend	tarde [**tard**ə]
Nacht	noite [**nojt**ə]
morgen	amanhã [aman**jã**]
heute	hoje [**osch**ə]
gestern	ontem [**õntẽj**]
Sprechen Sie Deutsch / Englisch?	Fala alemão / inglês? [**fala**˛alə**mãu** / in**glesch**]
Wie bitte?	Como, desculpe? [**ko**mu dis**ehkulp**ə]
Ich verstehe nicht.	Não entendo. [nãu ĩn**tẽn**du]
Sagen Sie es bitte nochmals.	Se faz favor, repita. [sə **faseh** fa**wor** re**pi**ta]
Bitte, ...	Se faz favor, ... [sə **faseh** fa**wor**]
danke	obrigado (m.) / obrigada (w.) [ubri**ga**du / ubri**ga**da]
Keine Ursache.	De nada. [də **na**da]
was / wer / welcher	o que / quem / qual [u ke / kẽj / kwal]
wo / wohin	onde / para onde [**õnd**ə / **para õnd**ə]
wie / wie viel	como / quanto [**ko**mu / **kwãn**tu]
wann / wie lange	quando / quanto tempo [**kwãn**du / **kwãn**tu **tẽm**pu]
warum	porquê [**purke**]
Wie heißt das?	Como se diz? [**ko**mu sə **diseh**]
Wo ist ...?	Onde está ...? Onde fica ...? [**õnd**ə˛**ischta** / **õnd**ə˛**fika**]
Können Sie mir helfen?	Podia-me ajudar? [**pudia**˛mə a**sehudar**]
ja	sim [**sĩ**]
nein	não [**nãu**]
Entschuldigen Sie.	Desculpe. [dis**ehkulp**ə]
Das macht nichts.	Não faz nada. [nãu **faseh na**da]

SHOPPING

Wo gibt es ...?	Onde há ...? [**õnd**ə a]
Wie viel kostet das?	Quanto custa isto? [**kwãn**tu **kuscht**a **ischt**u]
Das ist zu teuer.	È **ka**ru dəmaisch]
Das gefällt mir (nicht).	Eu (não) gosto disso. [eu (nãu) **goscht**u **diss**u]
Wo ist hier eine Bank?	Onde há um banco? [**õnd**ə a ũ˛**bãn**ku]
Ich möchte 100 g Käse / zwei Kilo Orangen.	Queria cem gramas de queijo / dois kilos de laranjas. [ke**ria** sẽj **gra**masch də **kejseh**u / dojsch **ki**lusch də la**rãnseh**asch]
Haben Sie deutsche Zeitungen?	Tem jornais alemães? [tẽj sh**ehurnajsch** alə**mãjsch**]
Wo kann ich telefonieren?	Onde posso telefonar? [**õnd**ə **po**ssu telefo**nar**]

ESSEN UND TRINKEN

Die Speisekarte bitte.	A ementa, se faz favor. [a e**mẽn**ta sə **faseh** fa**wor**]
Brot	pão [**pãu**]
Kaffee	café [ka**fe**]
Tee	chá [**scha**]
mit Milch / Zucker	com leite / açúcar [kõ **leit**ə / a**ßukar**]
Orangensaft	sumo de laranja [**ßu**mu də la**rãnseh**a]
Suppe	sopa [**ßo**pa]
Fisch / Meeresfrüchte	peixe / mariscos [**peisch**ə / ma**rischkusch**]
Fleisch / Geflügel	carne / aves [**karn**ə / **aw**əsch]
vegetarisches Gericht	prato vegetariano [**pra**to wəs**ehətarjanu**]
Eier	ovos [**ow**usch]
Salat	salada [sa**la**da]
Dessert	sobremesa [sobrə**me**sa]
Obst	fruta [**fru**ta]
Eis	gelado [s**eh**e**la**du]
Wein	vinho [**winju**]
weiß / rot / rosé	branco / tinto / rosé [**brãn**ku / **tĩn**tu / **rose**]
Bier	cerveja [serwe**seh**a]
Aperitif	aperitivo [aperi**ti**wu]
Wasser	água [**agw**a]
Mineralwasser	água mineral [**agw**a mine**ral**]
mit / ohne Kohlensäure	com / sem gás [kõ / sej gas]
Ich möchte bezahlen.	A conta, se faz favor. [a **kõn**ta, sə **faseh** fa**wor**]

MEINE ENTDECKUNGEN

....

....

....

....

....

....

....

....

....

....

....

....

....

....

....

....

....

....

....

Teilen Sie Ihre Entdeckungen auf facebook.com/Polyglottreisewelt.

CHECKLISTE AZOREN

Nur da gewesen oder schon entdeckt?

☐ **UNTERWELT**
Tauchen Sie in der Gruta do Carvão in die unterirdische Vulkanwelt der Azoren ein. › S. 12

☐ **OBELISK MIT RUNDBLICK**
Ein Panoramablick über Angra do Heroísmo eröffnet sich vom Alto da Memória. › S. 89

☐ **HEILIGGEISTTEMPEL**
Fotografieren Sie die vielen bunten Impérios auf der Insel Terceira. › S. 87, 99

☐ **HOCHSEESEGLERFLAIR**
Jachtbesatzungen aus aller Welt machen in der Marina da Horta Station und sorgen für ein kosmopolitisches Ambiente. › S. 107

☐ **HORTENSIENINSEL**
Fahren Sie auf Faial an endlosen blauen Hortensienhecken vorbei zur Caldeira auf dem »Dach der Insel«. › S. 113

☐ **EINSAME KÜSTE**
Die Küstenebene Fajã dos Cubres lässt sich nur zu Fuß erkunden, ein spannender Wanderweg führt hinunter. › S. 139

☐ **KLIPPEN UND WASSERFALL**
Entdecken Sie die steile Westküste von Flores mit der Kaskade Poço do Bacalhau auf einem alten Verbindungsweg. › S. 146

☐ **MINIATURINSEL**
Lassen Sie auf Corvo, der kleinsten Insel der Azoren, die natürliche Stille auf sich wirken. › S. 147

🗨 **MITBRINGSEL**

- **Filigrane Blütenskulptur** aus dem hauchfein geschnittenen Mark von Hortensien › S. 48
- **Eine Schachtel Queijadas**, Käseküchlein von São Miguel oder Graciosa › S. 55